智库中社

国家智库报告 2022（35）
National Think Tank

经　济

U0504034

绿色低碳发展路径研究
——以上海为例

史丹　李鹏飞　等著

A STUDY ON SHANGHAI'S GREEN AND LOW-CARBON
DEVELOPMENT PATH

中国社会科学出版社

图书在版编目 (CIP) 数据

绿色低碳发展路径研究：以上海为例/史丹等著. —北京：中国社会科学出版社，2022.12

（国家智库报告）

ISBN 978 - 7 - 5227 - 1013 - 6

Ⅰ. ①绿…　Ⅱ. ①史…　Ⅲ. ①绿色经济—低碳经济—区域经济发展—研究—上海　Ⅳ. ①F127.51

中国版本图书馆 CIP 数据核字（2022）第 214180 号

出 版 人	赵剑英
项目统筹	王　茵　喻　苗
责任编辑	党旺旺
责任校对	李　莉
责任印制	李寡寡

出　　　版	中国社会科学出版社
社　　　址	北京鼓楼西大街甲 158 号
邮　　　编	100720
网　　　址	http://www.csspw.cn
发 行 部	010 - 84083685
门 市 部	010 - 84029450
经　　　销	新华书店及其他书店

印刷装订	北京君升印刷有限公司
版　　　次	2022 年 12 月第 1 版
印　　　次	2022 年 12 月第 1 次印刷

开　　　本	787×1092　1/16
印　　　张	11.25
插　　　页	2
字　　　数	145 千字
定　　　价	59.00 元

凡购买中国社会科学出版社图书，如有质量问题请与本社营销中心联系调换
电话:010 - 84083683
版权所有　侵权必究

课题负责人：

    史　丹　中国社会科学院工业经济研究所所长、研究员

课题组成员：

    李鹏飞　中国社会科学院工业经济研究所研究员

    王　蕾　中国社会科学院工业经济研究所副研究员

    袁惊柱　中国社会科学院工业经济研究所助理研究员、博士

    金　岳　中国社会科学院工业经济研究所助理研究员、博士

    叶云岭　中国社会科学院工业经济研究所博士后

    寇冬雪　中国社会科学院工业经济研究所博士后

    朱泳丽　中国社会科学院大学工业经济系博士生

    丁利杰　中国社会科学院大学工业经济系博士生

摘要：促进经济社会发展全面绿色转型，是上海加快建设具有世界影响力的社会主义现代化国际大都市的一项重要任务。在上海2025年全市碳排放总量及人均碳排放量提前达到峰值的目标背景下，本报告评估了上海绿色低碳发展现状，研究了能源结构调整、技术创新等核心因素对绿色低碳发展的影响，分析了工业、交通、建筑等重点领域碳减排潜力和路径。研究发现：第一，上海碳排放总量呈现稳中有降态势，排放强度低于全国水平，但与国际先进大城市相比还有一定差距，在"双碳"目标下推动绿色低碳发展需要系统谋划、扎实推进。第二，能源系统绿色低碳转型是上海实现"双碳"目标的关键，要在保证能源供应安全的基础上，以加强外来清洁电力输入、提高电气化比重、控制煤炭消费、实施清洁能源替代、构建新型能源系统和加快重大能源设施布局为主要方向，进一步优化能源结构。第三，以低成本、规模化、规范化作为低碳技术发展的指导，探索各项前沿能源系统技术应用模式的有效性，实现上海低碳技术的突破与推广应用。第四，上海要遵循工业化发展规律对工业结构进行调整，在钢铁、化工、汽车制造业等具有技术和产业链集成配套优势的产业上持续保持优势，不断推进产业绿色低碳转型，向创新密集型转变，分类有序实现碳减排目标。第五，持续优化城市交通出行结构、能源结构，加强绿色交通治理能力，倡导居民绿色低碳出行，提高城市交通智能化水平是上海市交通部门绿色低碳发展的重要实现路径。第六，上海建筑部门具备2025年前后实现碳达峰目标的条件，但需要在建立健全政策体系、编制科学规划、推动技术发展等方面持续发力。本报告紧扣生产生活电气化、能源结构清洁化两条主线，以能源、工业、交通、建筑四个领域为着力点，提出了促进"双碳"目标下上海绿色低碳发展的政策体系。

关键词："双碳"目标；上海；绿色低碳发展；政策体系

Abstract: Promoting the comprehensive green transformation of economic and social development is an important task for Shanghai to accelerate the construction of a socialist modern international metropolis with world influence. In the context of the goal that Shanghai's total carbon emissions and per capita carbon emissions will reach the peak in 2025, we evaluate the current situation of Shanghai's green and low-carbon development, study the impact of core factors such as energy structure adjustment and technological innovation on green and low-carbon development, and analyze the potential and path of carbon emission reduction in key fields such as industry, transportation and construction. We have following findings: First, Shanghai's total carbon emissions have shown a steady trend of decreasing, and the emission intensity is lower than the national level, but there is still a certain gap compared with the comparable cities of advanced countries. Promoting green and low-carbon development under the "double carbon" goal requires systematic planning and solid promotion. Second, the green and low-carbon transformation of the energy system is the key to Shanghai's realization of the "double carbon" goal. On the basis of ensuring the security of energy supply, it is necessary to further optimize the energy structure with the main direction of strengthening external clean power input, increasing the proportion of electrification, controlling coal consumption, implementing clean energy substitution, building a new energy system and accelerating the layout of major energy facilities. Third, take low-cost, large-scale and standardization as the guidance for the development of low-carbon technology, explore the effectiveness of various application modes of cutting-edge energy system technology, and realize the breakthrough and promotion of low-carbon technology in Shanghai. Fourth, Shanghai should follow the law of industrial development to adjust its industrial structure, maintain its advantages in industries with advantages in technology and industrial chain integration, such as steel, chemical industry and automobile manufacturing, constantly promote the green and low-carbon transformation of industries, transform to innovation intensive industries, and achieve carbon emission reduction targets in an orderly manner. Fifth, to continuously optimize the urban traffic structure and energy structure, strengthen the green traffic governance capacity, advocate green low-carbon travel of residents, and improve the level of urban traffic intelligence are important paths for the green and low-carbon development of Shanghai's transportation sector. Sixth, Shanghai's construction sector has the conditions to achieve the carbon peak goal around 2025, but it needs to make continuous efforts in establishing and improving the policy system, formulating scientific plans, and promoting technological development. Focusing on the two main lines of production and living electrification and energy structure cleaning, we propose a policy system for promoting green and low-carbon development of Shanghai under the "double carbon" goal, focusing on the four fields of energy, industry, transportation and construction.

Key Words: "double carbon" goal; Shanghai; green and low-carbon development; policy system

目　　录

一 上海绿色低碳发展现状评估和比较

2012—2021 年，上海坚持产业转型升级和绿色低碳发展战略，在经济高质量快速发展的同时实现碳排放强度和污染物排放总量的稳步下降，生态环境和空气质量得到明显改善。一方面，城市的绿色低碳发展战略和产业转型升级降低了碳排放和大气污染物排放水平；另一方面，对气候变化的积极应对和日益增强的环境管制形成了"倒逼"机制，反作用于城市能源结构和产业转型升级。上海市在碳排放强度和污染物排放大幅下降的同时，实现了更有质量、更具竞争力的经济增长，初步探索了一条经济社会和生态环境协同发展的绿色可持续发展道路。

上海绿色发展和低碳发展具有一定程度的同根同源性，道路交通、电力热力、石油化工以及能源工业是碳排放和污染物排放的主要来源，合计产生的碳排放量占上海市碳排放总量的80%以上。结合上海市当前产业发展和能源消费的实际情况，可进一步将包含化工钢铁行业在内的重工业、交通、建筑、电力以及服务部门确定为上海市碳排放和污染物排放的重点领域。其中工业部门和交通运输是绿色低碳发展的关键领域。

（一）上海碳排放的总量及行业结构的变化趋势

上海是国家低碳城市试点、碳排放交易试点，长期坚持推动绿色发展、循环发展和低碳发展。《上海市国民经济和社会发展第十四个五年规划和二〇三五年远景目标纲要》指出，上海要努力实现碳排放提前达峰，制定全市碳排放达峰行动方案，实施能源消费总量和强度双控，着力推动电力、钢铁、化工等重点领域和重点用能单位节能降碳，确保在2025年前实现碳排放达峰，单位生产总值能源消耗和二氧化碳（CO_2）排放降低确保完成国家下达目标。上海作为中国的金融中心，城市化水平高、人口密集，其能源消费和碳排放量也遥遥领先。同时，得益于其经济发展水平和国际大都市的开放程度，上海也是建设绿色低碳城市的先锋模范，其有益尝试值得其他城市借鉴。上海是全国最早启动碳交易试点的地区之一，并于2013年11月26日正式启动了上海碳市场交易。在各电力需求响应试点城市中，尝试将电动汽车纳入试点，上海市在车网互动方面做出了积极的探索。尽管做出了一系列有益的尝试，但上海市关于建设绿色低碳城市的课题仍需要进行实时评估和进一步深化，明确上海市二氧化碳排放总量和行业排放量的时间趋势，以及行业间碳排放差异对"双碳"目标下上海绿色低碳转型发展，实现2025年提前达峰具有重要的参考价值。

1. 上海碳排放总量情况

上海作为国际大都市，是中国的经济、金融中心，作为一座现代化城市，随着经济的发展，上海市能源消费量逐年攀升，但煤炭等传统化石能源仍为上海主要的能源供给。传统能源消耗加剧了上海的环境问题，导致上海碳排放量也逐年攀升。中国碳核算数据库（CEADs）数据资料显示，1997—2020年，上海市的二氧化碳排放总量呈现波动上升趋势，如图1-1所示。

从二氧化碳排放总量上来看，1997年全市碳排放量仅为103.19吨，到2011年二氧化碳排放量持续上升到201.49吨，相较于1997年二氧化碳排放量将近翻了一番。这主要是由于"十五"和"十一五"时期上海市大力发展工业，尤其是钢铁

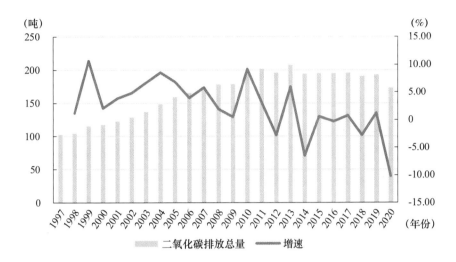

图 1 - 1 1997—2020 年上海二氧化碳排放总量及增速

和化工产业，通过消耗煤炭等传统化石能源增加了二氧化碳的排放。近二十年来，2012 年首次出现二氧化碳排放量下降，2013 年排放总量又出现反弹，排放量达到 207.63 吨，达到碳排放量的小高峰。"十二五"时期，上海市工业发展面临国内外环境的深刻变化，外部环境的约束以及资源供给的趋紧，绿色低碳发展成为工业发展的新要求。在国际上，发达国家逐步推行碳关税等绿色壁垒并积极抢占低碳产业制高点；在国内，中国也承诺 2020 年单位生产总值二氧化碳排放量比 2005 年下降 40%—60%。上海积极加快结构调整，促进能源资源节约利用，推动工业向绿色低碳转型发展。其间，全市二氧化碳排放量基本保持稳定，在 195 吨左右波动。进入"十三五"以来，上海市又出台了许多应对气候变化的规划政策文件，不断加强应对气候变化工作，大力推进产业结构和能源结构的优化升级，二氧化碳排放量整体呈现波动下降。2019 年上海全市二氧化碳排放量 192.91 吨。借鉴 CEADs 测算方法，2020 年全上海二氧化碳排放量下降到 173.24 吨，相较于 2019 年下降了 10.2%，一方面是受新冠肺炎疫情的影响，2020 年全市能源消费量有所缓解；

另一方面是受"双碳"目标下碳减排政策的影响，以及对于高能耗、高污染行业、企业的限制。

从碳排放增速上来看，除 2000 年排放增速有所下降外，1997—2004 年全市二氧化碳排放量同比增速逐年增加。自 2005 年后全市碳排放总量虽然增加，但增速整体是波动下降。尤其是"十二五"期间，上海积极应对国家工业节能减排专项计划，聚焦重点行业、重点园区、重点企业，以提高资源能源利用效率为中心，重点发展能效提高工程，探索节能、清洁、循环、低碳的生产方式，二氧化碳排放增速明显降低，2014 年二氧化碳排放量下降了 13.3 吨，增速下降近 12 个百分点。"十三五"期间上海碳排放量同比增速基本维持在 0% 上下波动。这说明国家的节能减排政策在上海初见成效。

从三大产业碳排放量占比情况来看，第一产业占比最小，1997 年至今第一产业二氧化碳排放量占全市碳排放总量的比重不足 2%，占比平稳下降；第二产业碳排放量占全市排放总量的一半以上，占比超过 60%；第三产业碳排放量介于二者之间，占全市碳排放总量的比重逐年增加。工业碳排放是上海第二产业碳排放的主要来源，占第二产业碳排放总量的 90% 以上。随着工业二氧化碳排放总量的下降，第二产业的碳排放总量也呈现明显下降趋势。根据测算，1997 年第二产业二氧化碳排放量占上海全市二氧化碳排放量的 84%，其中 90% 以上二氧化碳是由工业部门产生的。汽车装备制造、石油化工及精细化工制造、精品钢材制造以及成套设备制造是高耗能高污染行业，同时也是上海支柱产业。随着国家节能减排战略的实施，上海积极转变能源发展模式，调整能源结构，强化能源清洁化利用，节能减排成效显著，第二产业尤其是工业能耗和碳排放量明显下降。2020 年工业部门二氧化碳排放量占比由 1997 年的 83.18% 下降到 58.51%。图 1-2 显示了 1997—2020 年三大产业及工业二氧化碳排放量占上海全市二氧化碳排放量的比重情况。

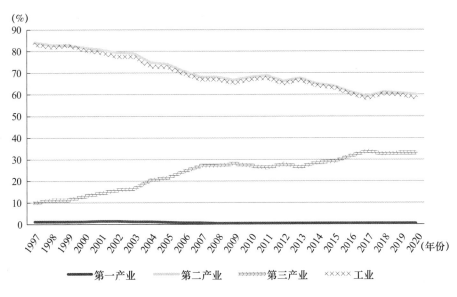

图 1-2　1997—2020 年上海三大产业及工业二氧化碳排放占比

2. 上海五大部门碳排放变化趋势

2019 年上海地区生产总值 25966.8 亿元，人均生产总值达到 10.69 万元，第一、第二、第三产业的比重约为 1：194：322，但上海的重化工业占经济的比重依然较大，对上海环境质量改善和温室气体减排带来较大的压力。从各部门的碳排放量来看，1997—2020 年上海市碳排放总量增加的同时，各部门的碳排放量也呈现出明显差异。

从不同部门来看，图 1-3 显示，工业碳排放量长期与其余各部门间的差距较大，占比一直居于各年碳排放总量的一半以上。钢铁冶炼与石油化工是上海主要工业产业，也是重要的能源密集型产业，是上海工业碳排放的主要来源。其中 2013 年工业碳排放量达到 138.57 吨，自 1997 年以来达到工业碳排放量最高的年份，2014—2019 年工业碳排放量稳中有降，2019 年工业碳排放量为 115.38 吨。从占比情况来看，工业碳排放量从 1997 年占比 83.18% 下降到 2019 年的 59.81%。交通部门是仅次于工业部门的第二大碳排放部门，碳排放总量逐年增加，在全市碳排放结构中的比重也越来越大。1997 年、2010 年、2019 年交通部门碳排放量分别为 8.32 吨、40.81 吨、51.85 吨，分别占全年碳排放总量的 8.07%、20.87%、26.88%。近二十年来交通部门碳排放量增长了 6.23 倍，这主要是由于上海是现代化大都市，人口数量多，交通体系复杂，各种乘用车数量大，虽然上海在大力推进节能减排的新能源汽车，诸如纯电动汽车、燃料电池汽车等，但由于成本、技术、基础设施等条件的限制，当前传统燃油汽车依然是主要的交通出行工具。

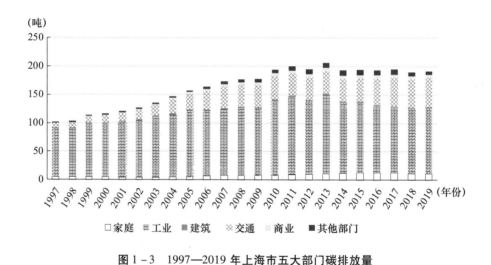

图 1-3　1997—2019 年上海市五大部门碳排放量

在未来短期内，随着人口的增多，交通部门产生的碳排放量可能在总量和占比上持续增加。家庭部门的碳排放量在全市碳排放总量中逐渐凸显，比重也在逐年增加。由 2000 年排放量不足 5 吨，到 2010 年 8.56 吨，十年间将近翻一番。2010 年以后家庭部门的碳排放量更是快速增长，2017 年排放量达到最高 13.06 吨，随后开始有所下降。2000 年、2010 年、2017 年和 2019 年家庭部门碳排放量占比分别为 3.95%、4.38%、6.66% 和 5.6%。其中城镇居民的碳排放量要远远高于农村居民的碳排放量，2010 年城镇居民与农村居民碳排放量比约 3:1，到 2019 年家庭部门中

80.56%的碳是由城镇居民排放的，并且该占比呈现上升趋势。建筑部门和商业部门碳排放量相对较小，占碳排放总量的比重不足3%。其中商业部门碳排放量略高于建筑部门，随着服务业的发展，商业部门的碳排放量呈现小幅度上升势头，但总量还是相对较低。在能源"双控"政策下，建筑部门碳排放绝对量呈现下降趋势，从2010年的2.45吨碳排放量下降到2019年的1.95吨。图1-4显示出1997—2019年上海市家庭、工业、建筑、交通、商业以及其他部门碳排放量占全市碳排放总量的比重情况及其时间变化趋势。由此可见，不同部门碳排放量差异较为明显，并随着节能减排措施的实施，每年所占的比例也发生变化，工业碳排放贡献率最大，建筑与商业部门贡献率最小。

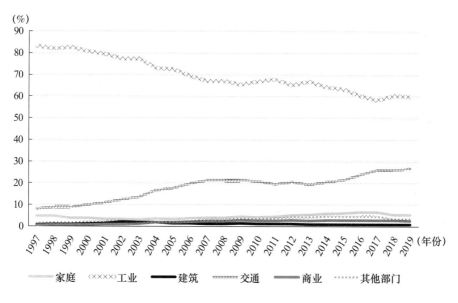

图1-4 1997—2019年上海五大部门碳排放比重变化情况

3. 上海高碳行业碳排放量变化趋势

从行业细分角度来看，不同产业对上海碳排放的贡献程度差异较大。上海是现代化的商业城市，农业和林业大多分布在非城市区域，对上海碳排放的贡献程度较小；重工业行业是上海碳排放的主要贡献来源。电子信息产品制造业、汽车制造业、石油化工及精细化工制造业、精品钢材制造业、成套设备制造业和生物医药制造业是上海六个重点支柱产业。其中石油化工和钢铁冶炼是主要的能源消耗产业，上海的能源以传统化石能源消耗为主，能源结构主要是天然气和石油，因此石油加工、炼焦、核燃料加工和黑色金属冶炼与压延加工业的碳排放量较大。图1-5展示了细分行业下对上海碳排放贡献较大的主要产业的历年碳排放量，电力热力的生产和供应业是各行业中碳排放量贡献最大的行业，2010年碳排放量最高7587.8万吨，占全市碳排放比重38.81%；2019年排放6282.9万吨，占比32.57%。但是上海的外来电力较多，有超过40%的电力供应是依靠外来电力，不会直接增加上海的碳排放量。但值得注意的是，长三角地区的传统发电模式可能致使上海面临碳泄漏的风险。2010年、2019年黑色金属冶炼和压延加工业碳排放2670.26万吨和2298.04万吨，分别贡献上海碳排放量的13.66%和11.91%。化学原料和化学制品以及石油加工业也是

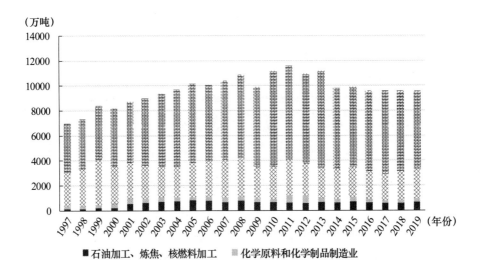

图1-5　1997—2019年上海市高碳行业碳排放量

上海主要的碳排放来源，2019 年排放量分别为 290.92 万吨和 653.95 万吨，贡献碳排放的 1.51% 和 3.39%。

从时间趋势上来看，高碳排放的重点行业进入"十二五"和"十三五"以来，碳排放量以及在总排放量中的比重总体有所下降。图 1-6 显示了 1997—2019 年上海高碳行业的碳排放量占比趋势。这说明上海在绿色低碳转型发展、抑制城市碳排放量方面已经取得一定成效。上海重点行业领域的节能改造，将会对上海碳减排工作作出重大贡献，尤其是钢铁和石油化工行业将会是未来减碳降耗的重点转型产业。

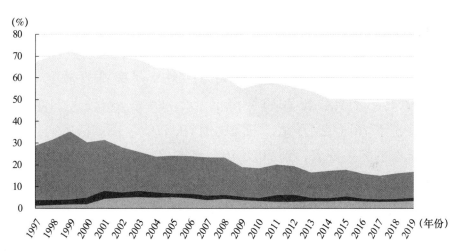

图 1-6　1997—2019 年上海市高碳行业碳排放量占比

（二）上海总体碳排放强度和行业碳排放的变化趋势

碳排放强度是指单位国内生产总值（GDP）的二氧化碳排放量，反映经济增长对化石能源消耗的依赖程度，也是经济社会低碳发展水平的评价指标。上海提出 2025 年提前实现碳达峰工作，加快推进上海市绿色低碳发展，在控制二氧化碳排放总量的基础上，稳定把控全市碳排放强度对于尽早实现绿色低碳转型发展具有更重要的现实意义。

1. 上海总体碳排放强度的时间演变特征

根据上海市能源消费量以及《上海统计年鉴》公布的上海GDP计算，1997—2019年上海碳排放强度总体水平呈现稳定下降趋势，具体可见图1-7。随着城市化水平的提高，上海碳排放总量增加，但是单位GDP的碳排放量逐年降低。2000年上海市碳排放强度为2518千克/万元，2005年碳排放强度为1942千克/万元，比"十五"初期下降22.88%；2010年下降到1403千克/万元，较2005年下降38.44%；2015年碳排放强度为974千克/万元，较2010年下降30.58%；2019年碳排放强度降到742.92千克/万元，比2015年降低了23.84%，相较于21世纪初下降了1776千克/万元，下降比例70.53%。根据国家对上海节能降碳的相关要求，到2020年上海市单位生产总值二氧化碳排放量比2015年下降20.5%以上，初步形成低碳生产、消费和生活模式，上海市超前完成国家对上海的目标要求，基本扭转了二氧化碳排放快速增长的局面。

图1-7显示，上海碳排放强度与全国碳排放强度相比，明显低于全国水平，碳排放强度差距也在逐渐增大。进入21世纪以来，全国碳排放强度水平波动下降。2000—2005年碳排放强度略微上升，2006—2019年开始稳步下降。21世纪初期上海与全国碳排放强度差距不大，2000年上海碳排放强度低于全国碳排放强度473千克/万元，2005年上海碳排放强度低于全国水平1462千克/万元，2010年低于全国水平1443千克/万元，2015年低于全国水平1333千克/万元，到2019年上海碳排放强度仅为全国水平的39%。21世纪初国际发达城市成立的世界大城市气候联盟（C40），重点关注世界大城市气候变化和低碳城市发

展策略。C40 成员大多数为发达国家城市及各国首都,第三产业在经济结构中占比较高,工业排放量的比例普遍不高。上海工业增加值占上海市国内生产总值比重的 1/3 以上,而且其钢铁、石油化工等高碳行业较为发达,这是上海碳排放强度相对于国内其他发达城市较高的主要原因。

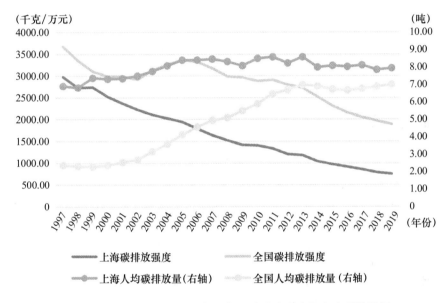

图 1-7 1997—2019 年上海、全国碳排放强度及人均碳排放量

上海人均碳排放量波动变化,小幅度上升。1997—2019 年间上海人均碳排放量维持在 6.5 吨/人—8.6 吨/人。在"十二五"期间人均碳排放量达到小高峰,2013 年人均碳排放量最高,为 8.6 吨/人,比 1997 年增长 1.67 吨/人。"十二五"期间上海举办世界博览会可能是导致人均碳排放量增加的原因。进入"十三五"以来,上海人均碳排放量略有波动下降,2016—2019 年人均排放量分别为 8.05 吨、8.11 吨、7.87 吨、7.94 吨。2019 年相较于 2016 年下降 1.4%。与全国人均碳排放水平相比,上海的人均碳排放量整体高于全国平均水平,但差距在逐渐缩小。1999 年上海人均碳排放量与全国人均水平差距最大,

上海高于全国人均水平 5.09 吨，到 2010 年差距缩小到 2.6 吨。"十三五"以后上海人均碳排放量高于全国人均水平不足 2 吨。随着全国人均碳排放量的快速增长，上海人均碳排放水平变动比例不大，还有阶段下降趋势。综合考虑上海碳排放强度变化趋势和人均碳排放量变化情况，表明上海节能减排政策效果明显，上海正逐渐向绿色低碳城市转型发展。

2. 上海碳排放强度行业间差异性及变化趋势

上海碳排放强度在行业产业间呈现明显差异。历年来第二产业碳排放强度最高，下降速度最快，第三产业碳排放强度最低，基本维持稳定低速下降趋势，第一产业碳排放强度呈现波动变化（见图 1-8）。2000 年第一产业、第二产业、第三产业及工业的碳排放强度分别为 2034.46 千克/万元、4189.85 千克/万元、640.69 千克/万元、4514.32 千克/万元，工业碳排放强度最高。2005 年三大产业及工业的碳排放强度为 2255.53 千克/万元、2794.33 千克/万元、844.66 千克/万元、2890.69 千克/万元，第一产业和第三产业的碳排放强度分别增加了 10.87%、31.84%，第二产业和工业的碳排放强度分别下降了 33.3%、35.97%，工业部门单位产值的碳排放量降低速度最快。2010 年相较于 2005 年碳排放强度均有所下降，分别下降了 40.9%、30.27%、13.51%、31.21%。进入"十二五"时期以后第一产业的碳排放强度略微上升，2015 年碳排放强度为 1505.97 千克/万元，主要是由于"十二五"期间农业产值下降导致碳排放强度增大。第二产业、第三产业以及工业碳排放强度持续下降，"十二五"期末分别为 1491.59 千克/万元、491.06 千克/万元、1505.07 千克/万元。"十三五"期间上海力争实现产业低碳化、能源低碳化、能效水平的持续提升。2020 年煤炭占一次能源消费比重明显下降，天然气占比提升 12% 左右，非化石能源占一次能源消费比重达 1.5% 左右，单位生产总值综合能耗下降 17%；主要用能领域能源利用效率进一步提升，规模以上工业单位增加值能耗下降到国际先进水平；航空、航运单位运输周转量能耗水平进一步提升。到 2019 年上海第二产业、第三产业和工业的碳排放强度分别为 1231.46 千克/万元、404.91 千克/万元、1232.52 千克/万元，较 2015 年分别下降了 21.12%、17.71%、18.11%。

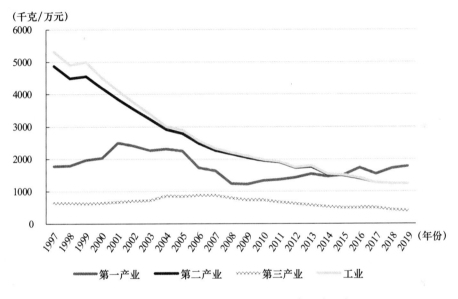

图 1 - 8　1997—2019 年上海分产业碳排放强度

　　结合上海市基本情况，上海在绿色低碳转型发展中，要特别注意在产业、能源、交通及建筑等领域的节能减排降耗发展。

　　在产业领域，由于上海长期以来是中国重要的重化工基地，2015 年上海工业用煤 5821 万吨标准煤，占能源消费总量比重 51%，包括工业在内的第二产业是上海主要的用能主体。自"十一五"推进节能减排工作以来，上海的工业节能取得巨大进展，尤其是钢铁、化工领域节能减排效果显著。因此，促进产业结构调整、推进产业体系合理布局、推进低碳制造等将是上海绿色低碳转型发展的重点。

　　在能源领域方面，上海是典型的外部依赖型能源消费城市，能源消费主要以煤炭、原油、天然气和外来电力为主，煤炭是其主要的消费能源，占比50%以上。上海在能源发展方面要将能源结构优化作为主要任务，控煤增气、择优扶新，大力提高天然气、新能源等清洁能源，形成以煤炭、天然气、外来电、风能、太阳能等能源多元发展的良好势头，从能源供应上服务上海市的低碳发展。

在交通领域的低碳发展方面，"十一五"以来，上海交通进入大发展时期，航空、港口、铁路等对外交通设施能力显著提高，社会客货运输量增长迅速，交通能源消费总量逐年增加。2014年交通消耗约2084万吨标准煤，占上海能源消费总量的18%左右。对外交通方面，航空、水运和铁路运输业的能源消费强度有所下降，铁路等低能耗交通方式有待进一步发展；城市公共交通方面，能源消费总量保持平稳，碳排放量基本稳定，轨道交通能耗增长较快，集约化交通方式有待进一步提高。随着经济社会发展以及人民生活水平的提高，上海运输业仍将会快速发展，与资源环境等外部约束条件之间的矛盾日益严重，完善的综合交通运输体系与节能减排技术的创新将给上海市交通领域的绿色低碳发展带来重大机遇。

在建筑领域的绿色低碳发展方面，上海作为长三角区域的核心，今后是实施城市绿色低碳转型发展的重要时期，现代服务业和建筑楼宇快速发展，公共建筑需求激增。目前上海建筑能耗每年以6%的速度递增。城市居民生活水平的提高，用能设备增多，居民生活用能刚性增长，建筑节能减排也将成为上海绿色低碳发展转型的重点领域。

城市碳汇也是上海建设低碳城市的重要内容之一。上海碳汇主要分布于农田、湿地、林地和绿地中，其中最大的碳汇便是农田。在上海城市碳汇领域的低碳发展方面，要因地制宜发展绿化，保护和修复湿地，形成绿地、林地、湿地三地融合的碳汇系统，同时要充分调动企业主、中小农场主建设都市农庄的积极性，迎合都市人群追求绿色环保的休闲旅游体验需求，降低上海碳排放水平，实现上海绿色低碳转型发展。

（三）上海污染物减排水平的变化趋势

上海城市污水、固废处理能力不断提升，达到全国先进水平。截至 2020 年末，上海城市污水处理厂日处理能力达 840.3 万立方米，比 2019 年末提高 0.7%。全市清运生活垃圾约 867.34 万吨，其中干垃圾日均清运量同比减少 20%。生活垃圾焚烧处置量达 18337 吨/日，生活垃圾焚烧和湿垃圾资源化能力 28095 吨/日，紧急填埋能力 5000 吨/日。已建成的 12 座焚烧厂焚烧能力达 21300 吨/日。可回收物收运量 233.34 万吨，合 6375.42 吨/日，同比增长 57.5%；有害垃圾处理量 940.62 吨，合 2.57 吨/日，同比增加 328.5%。

作为国际经济、金融、贸易、航运中心，国际贸易、旅客吞吐、交通运输等都给上海绿色低碳发展带来压力。上海具有先进的污染物处理设施，具备较为完备的污染物处理能力。值得注意的是，对污染物的治理需要进一步消耗能源和药剂，产生二次污染和排放，典型的如污水处理。虽然污水处理能源消耗低于能源密集型行业，但仍然不容小觑。特别是上海重要支柱行业为钢铁与化工，属于能源密集型行业，产生大量工业废水和废气，工业三废的治理耗费资源和能源。污染物治理的碳排放和能耗需要纳入城市绿色低碳发展的核算体系，从产业链的全链条控制能耗和污染物的排放。对于上海而言，除了具备较高污染物处理能力，推进以循环经济为导向的城乡废弃物治理，还需要不断提升污染物减排能力。

1. 上海主要污染物排放情况

工业污染物是上海污染物排放的重要来源，根据图 1－9 至

图 1-11 显示的上海市主要污染物排放情况可以看到，城市废水排放总量整体呈趋势较为稳定，2010 年城市废水排放总量出现小高峰，但并未出现明显的减排趋势，其中工业废水占城市废水排放总量的比重在下降，减排趋势较为明显。工业废气整体呈上升趋势，2010—2011 年达到 20 年来废气排放量的高峰后，工业废气排放量一直居高不下，2019 年出现上扬。工业固体废弃物产生量呈倒 "U" 形，2010 年达到固废产生量的峰值，2019 年固废产生量呈上扬趋势。

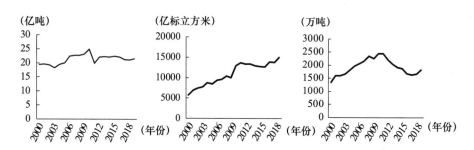

图 1-9　上海废水排放量　图 1-10　上海工业废　图 1-11　上海工业固体
　　　　　　　　　　　　　　　气排放量　　　　　　废弃物产生量

资料来源：上海统计年鉴。

上海三废产生量和排放量情况显示，2010 年是较为特殊的一年，第 41 届上海世界博览会的举办增加了对上海工业产品和相应服务业的需求，产生了大量城市废水、工业废气和工业固体废弃物。上海三废排放未出现明显的减排趋势，值得注意的是，废水排放量一直较为稳定，上海市具有较强的污水处理能力及良好的污水总量控制能力，但仍需要关注污水处理过程中消耗的能源和产生的碳排放，从根源上减少废水的产生量。工业废气排放量呈现明显上升趋势，这与上海的传统优势产业钢铁、石油化工相关，对上海市的废气总量控制产生较大压力。废气中主要污染物排放情况显示，废气排放量主要由工业氮氧化物的排放造成，工业烟尘排放整体呈下降趋势，但仍呈现不稳定的波动状态，工业二氧化硫（SO_2）减排趋势显著。工业固体废弃物总量控制初见成效，2019年出现小幅上扬。特别是作为上海"十四五"重大战略任务，嘉定、青浦、松江、奉贤、南汇"五大新城"规划建设要求建设成为长三角城市群中具有辐射带动作用的综合性节点城市，城市圈的建设、人口的涌入仍将成为上海市绿色低碳发展的重要挑战。

2. 上海主要污染物排放强度变化趋势

本报告选取工业污染物排放强度度量上海单位工业增加值产生的污染物排放量，选取工业废水排放量、工业废气排放量和工业固体废弃物产生量度量工业污染物。根据图1-12至图1-14所示，工业废水排放强度整体呈下降趋势，由2000年的34.43亿吨/亿元下降到2019年的16.21亿吨/亿元，不同于工业废水排放总量趋势，"十二五"期间出现小高峰。不同于工业废水排放强度趋势，工业废气排放强度整体呈现上升趋势，达到2019年最高值7.1亿标立方米/亿元，与工业废气排放总量趋势相同。工业固体废弃物排放强度与工业固体废弃物排放总量趋势相同，呈现倒"U"形。

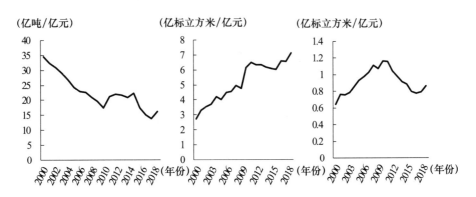

图1-12 工业废水排 图1-13 工业废气排 图1-14 工业固体废弃物
放强度   放强度   排放强度

由工业污染物排放强度可以看到，上海绿色发展面临的主要问题是工业废气的排放问题，不管是从总量趋势还是强度趋势来看，工业废气都随着经济增长在增加。根据上海区域 $PM_{2.5}$ 浓度数据看到，上海市 $PM_{2.5}$ 浓度连年降低，空气污染治理出现一定成效。根据研究资料显示，近年来，上海在夏季和冬季遭受严重的臭氧污染。上海的监测数据表明，近年来臭氧浓度有明显的上升趋势，从 2006—2016 年，月平均臭氧浓度增加了约 67%。2017 年，臭氧污染持续时间（148 天/年），超过 $PM_{2.5}$ 污染持续时间（60 天/年），成为影响上海空气质量的主要污染物。臭氧通过在对流层中的氮氧化物和挥发性有机碳发生光化学反应产生。上海绿色发展需要警惕除 $PM_{2.5}$ 外其他污染物产生的影响，结合本地污染特征，进行周边区域的协同治理。

3. 上海碳排放与主要大气污染物排放同根同源性分析

碳排放和大气污染具有相同排放源，均起源于经济发展过程中化石燃料的利用。IPCC 第五次评估报告显示，1970—2010 年，化石能源燃烧和工业生产过程中的碳排放量占同期温室气体排放量的 78%，同时能源生产和利用过程不仅产生碳排放，也是颗粒物、二氧化硫和氮氧化物产生的重要来源。根据 2000—2019 年上海碳排放和工业废气排放量趋势图 1 - 15 来看，二者具有一定趋同性，但 2016 年以来逐渐拉开差距。2000—2010 年，碳排放和工业废气排放呈现相同的上升趋势，2010—2011 年二者均达到小高峰，2016 年工业废气排放呈现上扬趋势，而碳排放呈现较为平稳的状态。碳排放和工业废气排放虽具有一定趋同趋势，但仍具有一定差异性。结合上海空气质量度量指标 $PM_{2.5}$ 进行分析发现，$PM_{2.5}$ 连年下降，与碳排放的趋势性变化差异较大。不可否认的是，碳排放与大气污染物排放具备一定的同根同源性，但大气污染成因复杂，需要结合污染物排放量、产业结构、能源消费结构和地区差异性综合分析。

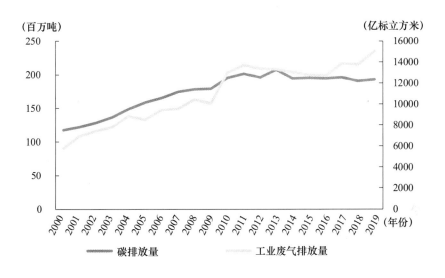

图 1-15　碳排放量与工业废气排放量

上海空气污染具有一定复杂性，臭氧已经超过 $PM_{2.5}$ 成为上海大气污染的首要污染物。首先，上海工业废气排放量一直居高不下，并呈现上扬趋势，给上海空气质量改善带来巨大压力。经过工业废气的治理，虽然捕捉了排放的部分颗粒物，改善了 $PM_{2.5}$，但大气污染物排放总量仍然超过环境可承载量，对空气质量带来了损害。其次，上海以钢铁、化工为主的产业结构，以煤、石油、天然气为主的能源消费结构难以避免对空气质量产生影响。最后，上海属于航运枢纽，位处长三角地区，同时受到季风气候的影响，除上海本地产业结构和能源消费结构产生的废气排放，还受到周边区域的影响。因此，针对上海大气污染，需要综合全面地看待空气质量指标，针对具体污染物情况，协同周边区域进行治理。

（四）　上海碳排放、污染物减排与经济发展之间的脱钩分析

脱钩理论常用于衡量经济发展与资源消耗以及生态环境之间的现状关系，反映国家或地区经济社会与生态环境之间的可持续发展水平。"双碳"目标下，分析上海市经济增长与其碳排放、污染物排放间的关系，对脱钩状态进行判断，可以评估上海绿色低碳发展的水平和能力。

1. 脱钩类别及评价指标

Tapio 脱钩理论模型包括脱钩弹性系数和脱钩状态分类。脱钩弹性系数指碳排放量变化率相对于国内生产总值（GDP）变化率的比值，是经济增长和碳排放量、污染物排放量之间脱钩状态的定量评价指标。脱钩弹性系数计算公式为：

$$e_n(CO_2 or Pollutants, GDP) = \frac{\dfrac{\Delta CO_2 or \Delta Pollutants}{CO_{2n-1} or Pollutants_{2n-1}}}{\dfrac{\Delta GDP}{GDP_{n-1}}} \quad (1-1)$$

其中，$e_n(CO_2 or Pollutants, GDP)$ 表示二氧化碳排放与 GDP 增长之间的脱钩弹性系数，$\dfrac{\Delta CO_2}{CO_{2n-1}} or \dfrac{\Delta Pollutants}{Pollutants_{2n-1}}$ 表示第 n 年碳排放量或污染物排放量相对于第 $n-1$ 年的变化百分比（%）；$\dfrac{\Delta GDP}{GDP_{n-1}}$ 表示第 n 年的 GDP 相对于第 $n-1$ 年的变化百分比（%）；$\Delta CO_2 or \Delta Pollutants$ 表示二氧化碳的排放量或污染物排放量变化情况；ΔGDP 表示 GDP 的变化量。参考已有研究对碳排放量与经济发展之间脱钩类别的划分方法，本报告选取脱钩弹性系数 0.8 和 1.2 为脱钩状态评价指标。根据碳排放与经济发展的脱钩弹性系数、$\Delta CO_2 or \Delta Pollutants$、$\Delta GDP$ 将脱钩类型划分为 8

种不同的脱钩状态，Tapio 脱钩状态分类和特征、意义如表1-1所示。

表1-1　　　　　　　Tapio 脱钩状态分类、特征及意义

脱钩状态		ΔCO_2 orΔPollutants	ΔGDP	e_n	特征	意义
脱钩	强脱钩	<0	>0	$e_n < 0$	经济增长，碳排放量、污染物排放量下降	理想状态
	弱脱钩	>0	>0	$0 < e_n < 0.8$	经济增长，碳排放量、污染物排放量增加，碳排放速度低于经济增长速度	较理想状态
	衰退脱钩	<0	<0	$e_n > 1.2$	经济衰退，碳排放量、污染物排放量下降，经济增长下降速度低于碳排放增长速度	可允许状态
负脱钩	强负脱钩	>0	<0	$e_n < 0$	经济衰退，碳排放量、污染物排放量增加	最不理想状态
	弱负脱钩	<0	<0	$0 < e_n < 0.8$	经济衰退，碳排放量、污染物排放量下降，经济增长下降速度高于碳排放增长速度	不可取状态
	增长负脱钩	>0	>0	$e_n > 1.2$	经济增长，碳排放量、污染物排放量增加，碳排放增长速度高于经济增长速度	不可取状态

脱钩状态		ΔCO_2 orΔPollutants	ΔGDP	e_n	特征	意义
连接	增长连接	>0	>0	$0.8 < e_n < 1.2$	经济增长，碳排放量、污染物排放量增加	不可取状态
	衰退连接	<0	<0	$0.8 < e_n < 1.2$	经济衰退，碳排放量、污染物排放量下降	可允许状态

2. 上海碳排放脱钩状态分析

2000—2019 年上海经济增长与碳排放的脱钩状态如图 1 - 16 所示。由图 1 - 16 可知，2000—2011 年除 2010 年为增长负脱钩状态外，其余年份均为弱脱钩状态。2012 年以后强脱钩状态与弱脱钩状态交互出现。2018 年和 2019 年均为强脱钩。这可能是由于进入"十二五"时期后，上海在发展经济的同时大力推行节能减排降耗措施，因此，在经济增长的同时，碳排放量下降。2000—2019 年，强脱钩状态占比 25%，属于理想状态。

在三大产业部门中，各产业部门每年的脱钩状态也各不相同。2019 年第一产业和第三产业为强脱钩，第二产业和工业为弱脱钩，属于较理想状态。从时间演变特征上来看，2010 年以后第二产业和工业强脱钩状态占比较高；第三产业由 21 世纪初期增长负脱钩状态向弱脱钩和强脱钩转变。这说明在经济增长和碳减排工作中，第二产业和第三产业将是拉动经济增长、减少碳排放量的重点领域。工业部门的重化工及钢铁行业应作为上海节能降碳的重点领域，第三产业中交通运输行业的绿色低碳转型也将会为上海绿色低碳发展作出不小贡献。

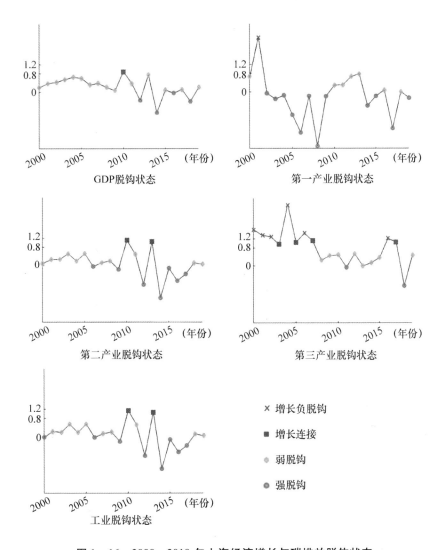

图 1-16　2000—2019 年上海经济增长与碳排放脱钩状态

3. 上海与主要城市污染物排放脱钩状态分析

2000—2019 年上海经济增长与污染物排放的脱钩状态如图 1-17 所示。上海经济增长与污染物排放之间并未呈现稳定的脱钩状态，呈现一定的波动，但多数年份呈现强脱钩状态，其中 2011 年为强脱钩状态，经济增长，污染物排放量下降，2016 年呈现强脱钩状态。仅有 2010—2011 年出现增长连接状态，经济增长伴随着污染物排放的增加，符合 2010 年上海世博会举办

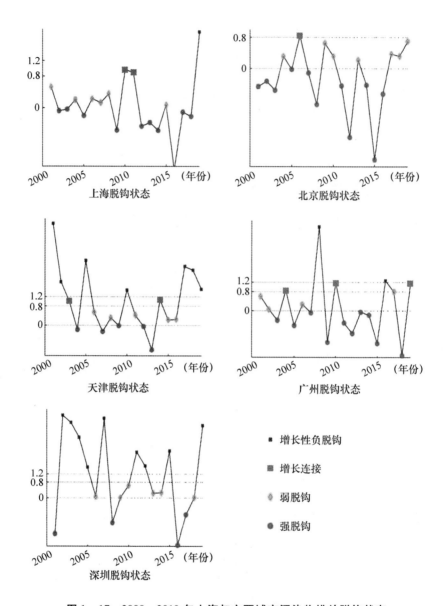

图 1 - 17　2000—2019 年上海与主要城市污染物排放脱钩状态

带来的冲击及其延续性影响。2012—2014 年出现连续性的强脱钩状态，"十二五"最后一年呈现弱脱钩状态。"十二五"期间上海污染物减排取得了良好成效。"十三五"初期减排效果显著，呈现强脱钩状态，2019 年出现 20 年来首次增长负脱钩，经济增长幅度小于污染物排放幅度。2019 年度上海环境状况和环境保护目标完成情况的报告显示，上海环境空气中 $PM_{2.5}$、臭氧、PM_{10}、SO_2 年均浓度均达到国家标准，唯一未达标的是二氧化氮（NO_2）年均浓度为 42 微克/立方米，超出国家二级标准，针对污染行业重点企业的减排措施成为上海绿色低碳发展的关键。根据上海污染物排放脱钩状态分析，除受重大国际事宜举办的冲击，针对重点行业提升节能降耗能力，上海有能力、有潜力实现经济增长与污染物排放间的脱钩。

国内其他城市圈主要城市中，北京整体呈现脱钩状态，与其污染物排放指数持续下降相关，天津、广州、深圳均出现不同程度的增长负脱钩，污染物排放增加高于其经济增长增速。综合上述分析，上海基本处于污染物排放与经济增长的脱钩状态，但仍要关注钢铁、化工等重点行业污染物排放情况，调整和优化产业结构，培育绿色低碳行业成为支柱行业，形成经济增长新优势。

（五）上海与国内外主要城市绿色低碳发展的水平比较

上海经济增速在全球主要城市中处于领先地位，总量规模跻身全球城市前列，人均生产总值超过 2.3 万美元，经济增长世界瞩目，为中国经济贡献了重要力量。生态环境质量同时得到持续改善，细颗粒物（$PM_{2.5}$）年平均浓度从 2015 年 53 微克/立方米下降至 32 微克/立方米，劣 V 类水体基本消除，人均公园绿地面积提高到 8.5 平方米，2010—2019 年，碳排放强度下降近 1 倍。2019 年全年全社会用于环境保护的资金投入1087.86 亿元，相当于上海市国内生产总值的比例为 2.8%。在推进绿色低碳发展方面，上海市坚定不移贯彻创新、协调、绿色、开放、共享的新发展理念，坚持稳中求进的工作总基调，面向全球、面向未来，对标国际最高标准、最好水平。与国内外主要城市的比较分析，为上海判断目前所处绿色低碳发展水平提供参考。根据数据可获得性和可比性，本报告选取同类型主要城市有北京、天津、纽约、伦敦、东京。

1. 上海与国内外主要城市的低碳水平比较

上海在经济增长与碳排放、污染物排放间整体呈现脱钩状态，与国内其他城市对比，更具备在经济增长的同时，实现绿色低碳发展的能力。基于数据可得性和可比性，对标国际大城市，分析主要城市低碳水平，并对碳减排的重要驱动因素进行分解。

（1）国内外主要城市低碳水平比较

纽约、伦敦、东京分别于 2006 年、2000 年和 2012 年实现碳达峰，上海市碳排放总量随年份呈现震荡趋势，目标于 2030 年前达峰。表 1－2 显示了上海、北京、天津、纽约、伦敦、东京六大城市的低碳水平，国外三大城市均已实现碳达峰，国内仅有北京于 2012 年实现碳达峰。与全球大城市相比，上海具有超大的城市规模，2018 年城市常住人口达 2423.78 万，是纽约人口的 2.89 倍，伦敦人口的 2.72 倍，东京人口的 1.75 倍。从碳排放总量来看，上海市最高，纽约、伦敦、东京均未超过百万吨/年，上海能源消费总量也最高。2010—2018 年六大城市碳排放强度均有所下降，中国城市碳排放下降幅度更大。北京碳排放强度下降 52.01%，上海、天津分别下降 47.69%、47.41%，伦敦下降 37.09%，东京下降 15.25%，纽约下降 13.47%。上海 2018 年碳排放强度为 0.57 万吨/亿元，高于同期北京的 0.34 万吨/亿元，低于同期天津的 0.78 万吨/亿元，低于全国平均水平，但与纽约、伦敦、东京仍存在较大差距，纽约碳排放强度最低，仅有 0.06 万吨/亿元。从人均碳排来看，国内外城市差距缩小，2018 年上海人均碳排为 7.87 吨/人，高于同期北京，低于同期天津，略高于纽约的 6.70 吨/人，伦敦和东京人均碳排放低至 3.48 吨/人、4.14 吨/人。

表 1 - 2　　　　　　　国内外主要城市低碳水平

城市	年份	碳排放总量 （百万吨）	人口 （万人）	能源消费 总量（PJ）	碳排放强度 （万吨/亿元）	人均碳排放 （吨/人）	达峰年
上海	2010	195.50	2303.00	3001.89	1.09	8.49	目标 2030 年前
	2018	190.64	2423.78	3356.63	0.57	7.87	
北京	2010	105.04	1962.00	1863.72	0.70	5.35	2012 年
	2018	88.41	2154.20	2130.49	0.34	4.10	
天津	2010	139.15	1299.29	1783.24	1.49	10.71	目标 2030 年前
	2018	154.34	1559.60	2336.65	0.78	9.90	
纽约	2010	57.45	819.02	844.43	0.07	7.01	2006 年
	2018	56.20	839.01	880.02	0.06	6.70	
伦敦	2010	45.77	806.15	538.20	0.15	5.68	2000 年
	2018	31.02	890.81	475.54	0.09	3.48	
东京	2010	58.12	1315.94	713.80	0.08	4.42	2012 年
	2018	57.33	1384.34	607.60	0.09	4.14	

　　国内外经济水平的差距导致碳排放强度存在较大差异，中国还未达到发达国家碳达峰阶段，但碳排放强度下降幅度较快，体现了中国积极进行绿色低碳转型。上海作为国内 GDP 第一大城市，在绿色低碳发展方面已经领先于国内水平，积极实现绿色低碳发展，建设成为具有世界影响力的绿色低碳城市是上海中长期发展目标。

（2）国内外主要城市不同部门碳排放

　　从分部门碳排放结构来看，工业、交通、家庭部门是国内城市的三大碳排放来源，国外城市不同部门碳排放存在一定差异性，纽约市主要来源为家庭、交通和商业部门，伦敦主要来源为工业、家庭和交通部门，类似于国内城市，但与国内城市不同的是,其家庭部门碳排放比重大于交通部门,东京为商业、家庭和交通。如表1-3所示,2010—2018年,除纽约工业部门碳排放比重有微小幅度上升外,其他城市工业部门碳排放均下降,北京工业部门碳排放比重下降幅度最大。除天津和东京交通部门碳排放比重下降外,其他城市交通部门碳排放比重上升,上升幅度最大的为北京。2018年天津工业部门碳排放占比最高,达到81.71%,纽约工业部门碳排放占比仅为8.19%,差异巨大,国内三大城市工业部门碳排放占比普遍高于国外城市,上海工业部门碳排放占比为60.40%,国外城市工业部门碳排放占比低于40%。国内城市家庭部门碳排放比重普遍低于国外城市,上海家庭碳排放比重仅为5.58%。商业部门是东京的最大碳排放来源,国内城市商业部门碳排放比重较低。

表1-3   2010—2018年国内外主要城市不同部门碳排放占比及变化

单位:%

城市	年份	工业	交通	建筑	家庭	商业	其他
上海	2010	66.88	20.87	1.25	4.38	2.66	3.95
	2018	60.40	26.18	0.98	5.58	2.84	4.01
	变化幅度	↓6.47	↑5.31	↓0.27	↑1.20	↑0.18	↑0.06
北京	2010	55.82	17.02	1.83	13.04	2.76	9.53
	2018	39.98	29.95	1.28	17.25	2.88	8.67
	变化幅度	↓15.83	↑12.92	↓0.56	↑4.21	↑0.11	↓0.86
天津	2010	82.98	6.31	2.03	3.88	2.00	2.80
	2018	81.71	5.53	2.32	5.87	1.73	2.84
	变化幅度	↓1.27	↓0.78	↑0.29	↑1.99	↓0.27	↑0.04
纽约	2010	7.73	27.68	0.00	33.07	26.95	4.58
	2018	8.19	27.92	0.00	32.01	27.19	4.70
	变化幅度	↑0.46	↑0.24	0.00	↓1.06	↑0.24	↑0.12

续表

城市	年份	工业	交通	建筑	家庭	商业	其他
伦敦	2010	41.40	18.75	0.00	35.53	0.00	4.33
	2018	33.56	26.14	0.00	34.07	0.00	6.22
	变化幅度	↓7.84	↑7.40	0.00	↓1.45	0.00	↑1.90
东京	2010	7.85	20.75	0.00	26.82	41.90	2.68
	2018	7.22	16.81	0.00	28.71	44.11	3.14
	变化幅度	↓0.62	↓3.94	0.00	↑1.89	↑2.22	↑0.46

对比国内外城市碳排放部门来源发现，工业部门碳排放比重较高，这与上海制造业为主的产业结构有关，由于仍处于工业化发展阶段，使得家庭部门碳排放占比较低。工业和建筑部门构成总体碳排放下降的来源，交通、商业、家庭和其他部门碳排放均上升。参考国外大城市绿色低碳发展历程，上海未来工业部门碳排放比重将继续下降，家庭部门碳排放比重将上升。目前上海电气化水平仅为19%，低于全国平均水平的25%左右，一方面与上海作为国际航运中心，航运、水运耗油量大有关；另一方面，上海主导产业钢铁和石化化工以燃煤、燃油为主。未来上海电气化水平的提升，如建筑领域的电气化，交通领域新能源车、电动车的推广，工业部门终端消费的化石能源替换成电力将为上海低碳减排带来巨大空间。但上海目前约45%为外来电，可供消费电量的提升以及发电结构的清洁化都将是上海绿色低碳转型亟待解决的关键问题。

2. 国内外主要城市不同部门碳排放变化的驱动因素分解

本报告基于 LMDI（Logarithmic Mean Divisia Index）方法将碳排放量变化的驱动因素分解为人口规模效应、经济发展效应、能源强度效应和能源结构效应，计算模型构建如下：

$$C = P \times \frac{Y}{P} \times \frac{E}{Y} \times \frac{C}{E}$$

$$= P \times G \times I \times S \qquad (1-2)$$

其中，C 表示碳排放总量，Y 代表地区生产总值，P 表示常住人口数量，E 代表能源消费总量，G 代表人均 GDP，I 代表能源强度，S 代表单位能源的碳排放。

上式分解碳排放变化率得到：

$$\Delta C\% = \Delta P\% + \Delta G\% + \Delta I\% + \Delta S\% \qquad (1-3)$$

分解结果参见图 1－18，除天津外，国内外城市碳排放量均出现不同程度下降，其中伦敦和北京的碳减排效果最为显著，上海碳排放量下降了 2.49%，能源强度效应和能源结构效应成为国内城市碳减排的主要驱动力。中国城市碳排放强度的下降构成了碳减排的重要驱动因素，能源强度效应对碳减排贡献最大，均达到 40% 以上，高于国外城市能源强度下降带来的碳减排效应，其中上海能源强度效应减排贡献度最高，达到 51.11%。北京能源结构效应最为显著，碳减排贡献度高达 30.61%，上海为 13.69%，天津为 16.67%。国外城市中，纽约能源强度效应和能源结构效应对碳减排贡献度处于 10% 以内，伦敦能源结构效应的减排贡献显著，达到 26.52%，东京经济增长带来碳减排，能源结构效应增加了碳排放，这与其他城市存在明显差异。

人口规模的增加和经济的发展成为国内城市碳排放增加的重要因素，特别是上海经济发展对碳排放贡献度高达 57.17%，但由于能源强度和能源结构的调整实现碳减排。伦敦和东京则由于人均 GDP 增长带来碳排放量的减少。城市人口规模的扩大和人均收入的增长仍将带来居民生活方式的转变，给上海碳减排带来压力。上海居民人均可支配收入从 2004 年的 14922 元提高到 2016 年的 54305 元，增长了 264%，收入水平的增加使居民生活性的空间面积增加。首先，更大的居住空间增加了建筑能耗，其次，人均收入的增加和人均住房面积的增加推动了更

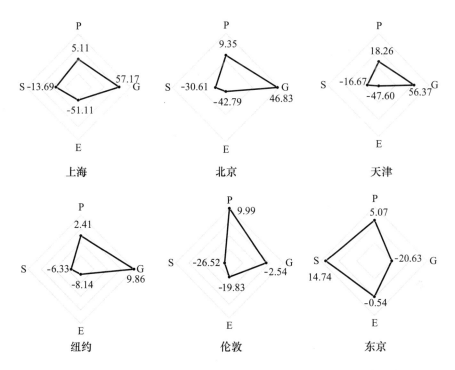

图 1 - 18 2010—2018 年上海与国内外主要城市碳排放变化的驱动因素分解

注：P 表示人口规模效应对碳排放贡献度，G 表示人均 GDP 贡献度，E 表示能源强度贡献度，S 表示能源结构贡献度，单位为%。正值为增加碳排放，负值为减少碳排放。

多能耗设备的购置。结合表 1 - 3 结果可以看到，上海家庭部门碳排放比重较低，未来仍将增加。针对经济发展效应，上海建筑节能、电器产品能效提升将会改善家庭部门碳排放贡献度。

3. 上海与国内其他主要城市污染物减排的对比分析

本报告选取首都经济圈中的北京和天津、粤港澳大湾区中的广州和深圳四大城市与上海进行比较分析，判断目前上海污染物减排情况，对上海绿色发展水平进行评价。环境污染水平的度量主要包括污染物排放总量与污染物排放强度（单位产值污染物排放量）两类指标，针对报告绿色低碳发展的主旨，选取污染物排放量作为研究对象。由于工业为五大城市废水、废气、固体废弃物产生的主要来源，因此选取工业废水排放总量、工业废气排放总量和工业固体废弃物产生总量进行评价。数据来源于《中国环境统计年鉴》《广东统计年鉴》《北京统计年鉴》和《天津统计年鉴》，其中缺失值采用插值法估算得到。通过构建环境污染综合指数评价五大城市 2000—2019 年污染物排放的整体情况，明确上海 20 年来污染物减排水平。

参考已有研究，本报告采用熵值法确定各污染物在综合评价中的比重。由于评价指标中三种污染物的计量单位不同，需要消除指标量纲影响。

首先，对三种污染物排放数据进行标准化处理：

$$s_{ij} = \frac{p_{ij} - p_{min\,(j)}}{p_{max\,(j)} - p_{min\,(j)}} \qquad (1 - 4)$$

其中，i 表示年份，j 表示污染物指标，$p_{max\,(j)}$ 和 $p_{min\,(j)}$ 分别为第 j 项污染指标的最大值和最小值，s_{ij} 为标准化后的取值。

其次，计算第 j 项污染物的熵值：在 m 个样本个数中，n 个指标个数中，第 j 项指标的熵值为：

$$e_{ij} = \frac{s_{ij}}{\sum\limits_{i=1}^{m} s_{ij}} \qquad (1 - 5)$$

$$k = \frac{1}{lnm}$$

$$h_j = -k \sum_{i=1}^{m} e_{ij} ln\, e_{ij} \, (0 \leq h_j \leq 1) \qquad (1 - 6)$$

最后计算得出第 j 项指标的熵权：

$$w_j = \frac{1 - h_j}{\sum\limits_{j=1}^{n} (1 - h_j)} \, (0 \leq w_j \leq 1, \sum_{j=1}^{n} w_j = 1) \qquad (1 - 7)$$

根据熵权法获得的工业废水排放总量、工业废气排放总量和工业固体废弃物产生总量的权重分别为 0.36，0.33 和 0.31。对五大城市的工业三废数据根据权重进行加总后得到的环境污染综合指数如图 1-19 所示。

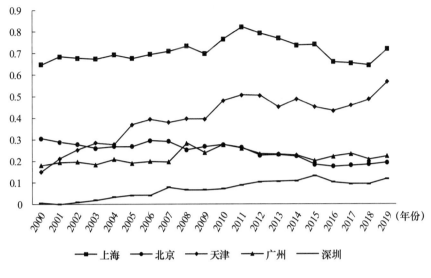

图 1-19　上海与其他主要城市环境污染综合指数

　　图 1-19 显示，上海污染物排放水平最高，结合上一节上海主要污染物排放情况，由于工业废气排放量的逐年增加，工业废水无显著减排趋势，工业固体废弃物产生量于 2019 年出现小幅度上扬，导致上海污染物排放整体水平没有明显的下降趋势。2009—2011 年上海污染物排放水平逐年增加，与上海碳排放总量的小高峰相吻合，上海世界博览会的举办带来大量的人员流动和资源消耗，成为上海近 20 年趋势变化的重要节点。上海是国内创造 GDP 最大的城市，同样，其污染物排放水平也具有同等规模。2000—2019 年上海、北京、天津、广州、深圳的环境污染综合指数均值分别为 0.71，0.24，0.41，0.22，0.07。上海的优势产业为钢铁和化工，2020 年单位产品综合能耗降至 573 千克标准煤/吨粗钢，但上海的主导产业目前为能源密集型产业，具备较高的能效和治污能力，但仍对其绿色低碳发展带来较大压力，未出现明显减排趋势。与其他城市对比分析发现，除北京环境污染综合指数呈缓慢下降趋势，其他主要城市综合指数均未出现显著下降趋势，其中天津综合指数呈现明显上升趋势。污染物排放量也与其城市国内生产总值密切相关，上海

国内生产总值最高，污染物排放水平也最高。广州和深圳近年来经济发展迅速，但污染物排放水平并未出现显著上升，排放趋势较为稳定，天津在经济增长的同时伴随明显的污染物排放增加。其中深圳工业产值比重虽逐年下降，2019 年仍高达35.61，高于上海目前的 25.35%，其污染物排放一直处于较低水平，与其文化创意产业、高新科技产业、现代物流业、金融业为主的四大支柱产业有关，产出多为高附加值、低能耗产品。

4. 上海与国内外主要城市空气质量比较

上海在保持经济快速发展的同时空气质量稳步提升。根据表 1 - 4 显示，2017—2020 年上海空气中 $PM_{2.5}$ 浓度连年下降，与国内大城市相比处于中游水平，与国外城市相比仍具有一定差距。上海以钢铁、石油化工行业为支柱，同时是全球重要的航运中心，油品消耗对其低碳绿色发展带来较大压力。根据进一步资料显示，外高桥地区包括宝山港口外公路地区污染情况比较严重，上海不同区空气质量差异较大，浦东新区和崇明空气质量较好，而青浦和嘉定空气质量较差。地理位置与 $PM_{2.5}$ 浓度的高低有一定关联。上海在针对不同区制定发展规划时应针对地理位置进行合理的产业布局，针对重点企业采取污染物减排措施，采用循环经济、数字化、智能化等手段，节能降耗，进一步提升空气质量，实现绿色低碳发展。

表 1 - 4　　　　　　　　　国内外主要城市 $PM_{2.5}$　　　　单位：微克／立方米

年份	上海	北京	天津	广州	深圳	纽约	伦敦	东京
2017	38.9	58.8	63.2	33.9	27.1	6.8	12.7	13
2018	36	50.9	52.3	33.2	24.2	7	12	13.1
2019	35.4	42.1	51.3	28.9	23.4	7	11.4	11.7
2020	31.5	37.5	48.9	22.6	19	6.5	9.6	10.1
变化量	-7.4	-21.3	-14.3	-11.3	-8.1	-0.3	-3.1	-2.9

资料来源：IQAir，https：//www.iqair.com/world-air-quality-ranking。

二　能源结构调整和能效提升对上海绿色低碳发展的影响

化石能源是二氧化碳排放的最主要来源，80%左右的二氧化碳排放来自于化石能源消费。当前，上海市能源结构仍然是化石能源为主，能源系统二氧化碳排放总量占二氧化碳排放总量的80%。能源系统能否低碳转型是上海实现绿色低碳发展的关键。

（一）能源系统减排是绿色低碳发展的关键

绿色低碳发展，实现"双碳"目标包括两个方面内容。一是能源系统减排。由以新能源为主导的低碳或零碳能源系统替代化石能源系统。二是产业低碳转型，通过技术与生产工艺过程创新提高效率，从而降低生产环节碳排放，产业结构由高载能向低载能调整。

能源系统减排和产业（尤其是工业）减排在现实中往往是同步进行。但是产业部门碳排放源头是能源消费。如果能源系统仍然以化石能源为主，从产业部门技术演进规律来看，产业部门减排空间是有限的，甚至一些看似低碳或零碳产品替代在一定条件下反而是增加了碳排放。比如，"如果中国电网67%还是煤电，那电动车是在增加碳排放，而不是在减少碳排放。只有能源结构和电网里大部分是可再生能源构成的时候，电动车才算得上清洁能源"（刘科，2021）。因此，"双碳"目标提出以后，不少行业纷纷出台碳达峰、碳中和行动计划，如果没有能源系统减碳的同步、甚至超前推动，通过行业行动计划来实现预期目标是困难的。2020 年中国能源系统二氧化碳排放总量约占二氧化碳排放总量的 80%，从这个意义上看，能源系统减排是实现"双碳"目标的关键。

从已有经验来看，能源系统减碳主要有四条现实路径。

一是提高化石能源利用效率。通常认为提高能源利用效率是成本最低的减碳路线。但是化石能源利用效率提高本身是有限的，2000 年以来，中国总体能源强度下降了 4 倍，而二氧化碳排放总量规模持续上涨。目前中国煤炭发电煤耗已经处在世界领先水平，能达到 280 克标煤/千瓦时。因此，在经济增长与能源消费还不能脱钩的前提下，提高能效是减碳的重要手段，但只要仍然在使用化石能源，提高能效对碳中和的贡献是有限的。二是大力发展可再生能源替代化石能源。大力发展可再生能源替代化石能源也是当前能源转型的主流方向。从经济成本来看，可再生能源具备规模化发展的市场条件，但是还面临体制机制的制约。从全国层面来看，可再生能源能否规模化发展与电力体制改革能否顺利推进具有关联。由于资源与现实条件约束，上海可再生能源发展的方向，主要集中在海上风电和分布式光伏，以及外来清洁电力。三是在重点领域推行清洁燃料替代。比如，合成燃料（碳中性燃料）替代。目前在航空、航运领域还缺乏可行的、大规模低碳燃料选择，有一些国家开始将易于储存、运输和使用的碳中性燃料推行到航空和航运领域，为减少碳排放提供了解决方案。此外，氢燃料电池的应用。氢能本身的特性决定了其在交通领域的应用重点应在中重型卡车领域而非乘用车领域。四是构建新型能源供应系统。通过构建新型能源供应系统，催生大量新技术、新业态，从而打破传统能源供给体系，建成分布、独立、高效、智慧、清洁的多能融合、多能互补的能源供应体系。其中，电源生态大中小容量并存，集中式和分布式布局并存，在网离网运营并存。未来新能源高比例接入将呈现集中式与分布式并重的态势，包括西北、华北、东北地区的大规模风光基地、东部沿海地区的海上风电基地，以及数量可观、就近消纳的分布式电源。能源生产端形成多元化清洁能源供应体系，以清洁能源发电为供应主体，化石能源电源的功能变为兜底保障、调节与支撑；电网侧呈现交直流混联大电网与多种形态电网并存的格局，传统大电网与局域网互补共生；负荷侧电气化水平大幅提升，用能模式向多能互补、源荷互动发展。

（二）上海能源结构与二氧化碳排放现状与特点

当前上海能源结构与二氧化碳排放总体上有四个特点。

第一，化石能源仍然是主体能源，消费占比 70% 左右，其中，油品消费占比最高。煤炭消费比重除个别年份反弹之外总体呈现下降趋势。净调入电力及本地可再生能源发电比重接近 20%，近年来有稳步小幅上升。与北京等一线大城市对比，上海煤炭、油品占比过高是二氧化碳排放量近两倍于北京的直接原因。

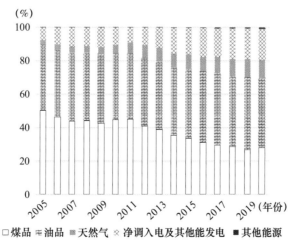

图 2-1 上海能源消费结构

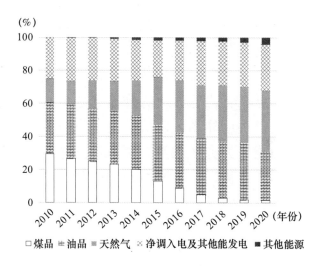

图 2-2　北京能源消费结构

资料来源：根据《上海能源和环境统计年鉴（2021）》计算。

从油品消费结构来看，燃料油、煤油、汽油、柴油等油品消费结构基本保持稳定。2020 年，工业部门消费油品占比 31.22%，交通业消费油品占比 44.75%，其他行业消费油品占比 24.03%。

第二，上海能源对外依存度高，供给主要由外地调入和进

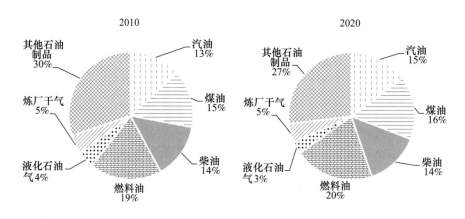

图 2-3　上海市油品消费结构　　图 2-4　上海市油品消费结构
（2010 年）　　　　　　　　　　（2020 年）

资料来源：根据《上海能源和环境统计年鉴（2021）》计算。

口。图 2-5 显示, 2020 年上海本地一次能源生产量加上库存量总计占比 4.66%, 能源净调入和进口量总计占比 89%。其中, 石油 84% 依靠外部调入和进口, 电力 45% 依靠外来电, 煤炭几乎全部依靠外部调入和进口, 天然气 83% 依靠外部调入和进口。

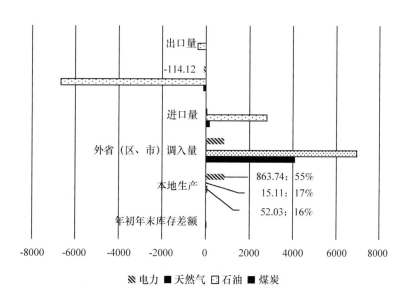

图 2-5　上海主要能源品种供给来源 (2020 年)

单位: 万吨、亿千瓦时、亿立方米

资料来源: 根据《上海能源和环境统计年鉴 (2021)》计算。

第三, 2013 年上海二氧化碳排放总量达到近 20 年的排放峰值, 然后进入平台期, 增长趋于平缓。从二氧化碳排放来源来看, 上海能源系统二氧化碳排放总量占二氧化碳排放总量 80%。其中, 油品消费产生的二氧化碳占比达到 40%, 是二氧化碳排放的直接来源。其次是煤炭消费产生的二氧化碳, 消费占比达到 30%。由于燃烧相同标煤, 煤炭排放二氧化碳是石油的 2.5 倍, 天然气的 4 倍。因此, 相比北京以天然气为主的化石能源结构, 上海二氧化碳排放强度明显要高 (见图 2-6)。

第四, 上海能源结构调整对二氧化碳减排发挥了积极作用, 但潜力尚未完全释放。能源系统碳排放是二氧化碳排放的主要来

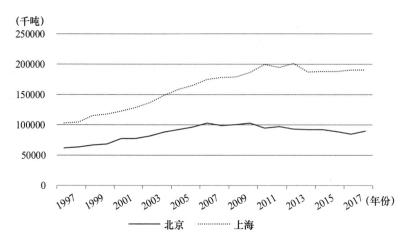

图2-6 北京、上海二氧化碳排放总量

资料来源：根据 Wind 数据库绘制。

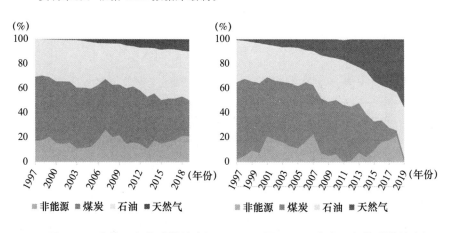

图2-7 上海二氧化碳排放来源　　　图2-8 北京二氧化碳排放来源

资料来源：根据《上海能源和环境统计年鉴（2021）》数据库计算。

源。因此，能源结构调整对于上海实现绿色低碳发展至关重要，是上海实现绿色低碳发展的"牛鼻子"（见图2-7、图2-8）。但是也要清晰地认识到能源结构调整的难度和艰巨。2000年以来，上海能源结构中煤炭比重从接近60%下降到28%左右。根据测算，2000年以来，能源结构调整在大部分年份提升了上海碳生产率（见图2-9），对二氧化碳绝对量减排到了一定积极作用。2000年以来，累计减少二氧化碳排放7985万吨（见图2-10）。

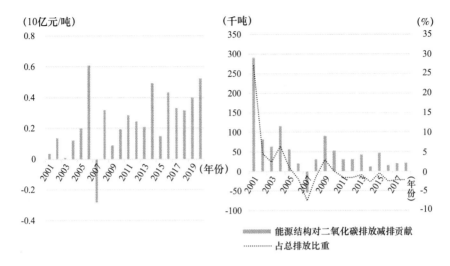

图 2 - 9　能源结构变化对碳生产率的贡献　图 2 - 10　能源结构变化对碳减排的贡献
资料来源：笔者计算。

从计算数据来看，除了 2001 年之外，能源结构调整对二氧化碳减排占比不足 1%。值得注意的是，电力消费比重增加对碳排放效率提升具有积极作用，电力消费比重提高 1%，碳减排效率提升 2.9%。因此提高电气化水平对于上海碳减排具有非常明显的效果。

（三）上海能源结构调整的思考与现实认识

判断能源结构调整与能效提升对上海绿色低碳发展的影响，必须理解能源结构调整的理论逻辑和现实路径。能源结构调整不是简单的高碳能源与低碳能源在量上的此消彼长，而是要遵循当前能源低碳转型的逻辑。一是符合未来能源系统特点，二是能够兼容未来能源系统。因此，能够实现低碳或零碳的能源，或者具有灵活性且与大规模、低成本的风光发电有机兼容的能源或资源，都将在未来能源系统发挥重要作用。从这个意义上讲，能源结构调整是在能源转型逻辑下，以清洁能源以及能够提供灵活性的资源在不同领域实现对化石能源的替代。需要特别注意的是，在无法确定具体能源低碳转型技术路径的前提下，不宜大规模、快节奏推广具有低碳特征但短期不具备商业价值的能源。比如，最近几年各地大力推广氢能在交通领域的应用，由于电动车的技术和市场成熟度以及安全性，氢能在交通领域可能并不具备未来市场竞争力，只有具有固定线路的中重卡运输场景具有推广可行性。此外，能源结构调整过程中，需要将城市用能安全作为首要原则，不能为了过度追求低碳而导致能源结构"早熟"。因此，能源结构调整应遵循以下原则：一是安全性原则。保障城市基本能源供应基础上，逐步实现低碳能源对高碳能源的替代。二是因地制宜原则，遵循各种能源资源的自身特点、适用领域与开发模式，谨慎自上而下地推广某一类具有低碳特征但不具备商业价值的能源，鼓励多元化发展。三是市场化原则，坚持以市场化方式发展各类能源。对具有明确技术路线和市场潜力的能源，才予以政策支持。

1. 上海能源结构调整的有利条件：具有内生动力

一个国家或城市的能源结构往往是由能源禀赋决定。如果能源禀赋没有发生根本性变化，能源结构调整往往是依靠特定政策来推动。当前"双碳"目标约束下，能源结构调整被迫提前，这意味着原本通过市场机制渐进式的能源转型进程不得不通过非市场方式加快推进。其间，不可避免地会出现由于低碳能源供给不足，高碳能源过快退出而出现的因能源短缺造成的经济下滑。

图2-11至图2-13反映了美国、德国和日本等典型国家经济增长与能源消费情况。由图可知，美国、德国和日本的经济增长与能源消费已经出现了比较明显的脱钩。典型国家的经验事实表明，当经济发展到一定程度，能源与经济增长会出现脱钩，即当经济增长的同时，能源消费不仅不同步增长，甚至开始下降。如果经济发展到这一阶段，我们说这个地区事实上是具备了能源结构调整、节能减碳的内生动力。因为节能减碳的

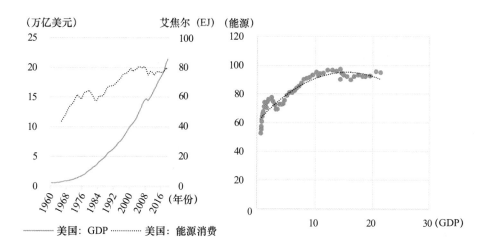

图 2 – 11　美国经济增长与能源消费

资料来源：根据 Wind 提供的数据绘制。

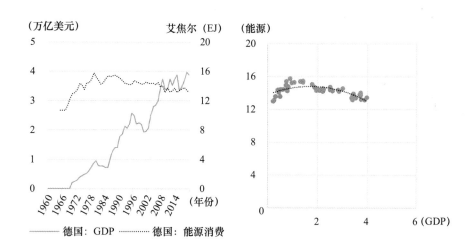

图 2 – 12　德国经济增长与能源消费

资料来源：根据 Wind 提供的数据绘制。

同时，并不会付出更多的经济成本。如果经济增长仍然高度依赖能源消费，那么经济体是缺乏能源结构调整以及节能减碳的内在动力。

具体到上海，统计数据显示，2002 年开始上海能源消费与

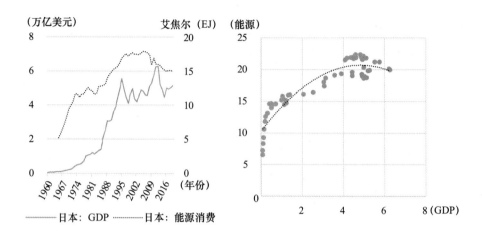

图2-13 日本经济增长与能源消费

资料来源：根据 Wind 提供的数据绘制。

经济增长已经开始出现背离（见图2-14），而且背离差距越来越大。图2-15和图2-16显示，虽然短期内还存在一些波动，

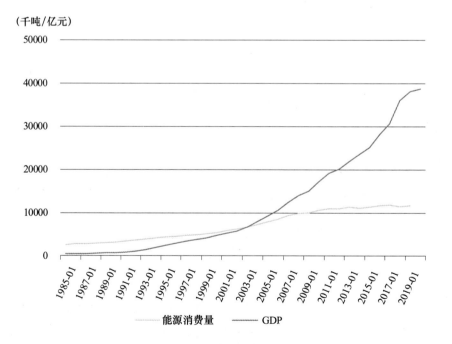

图2-14 上海能源消费与经济增长趋势

资料来源：根据《上海统计年鉴》《上海能源和环境统计年鉴（2021）》绘制。

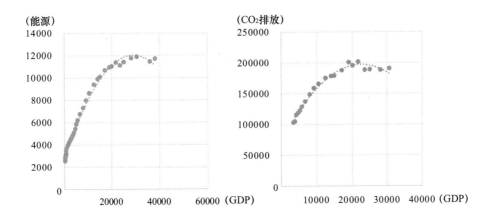

图 2-15 上海经济增长与能源消费　图 2-16 上海经济增长与二氧化碳排放
资料来源：根据《上海统计年鉴》《上海能源和环境统计年鉴（2021）》绘制。

但从趋势上看，当经济增长的同时，上海能源消费与二氧化碳排放量已经出现了下降迹象。也就是说，上海实际上已经具备了节能减碳的内生动力。而且碳达峰对于上海而言已经不是重点（事实上从趋势来看上海 2013 年已经碳达峰），而在现有基础上尽可能减碳，实现碳中和目标应该成为上海能源结构调整的最重要目标。同时，发挥超大城市在全国推进实现"双碳"目标过程中的引领示范作用。基于这样的判断，我们认为，上海能源结构调整和减排重点已经发生了结构性变化，应从传统存量节能转向对产业发展增量环节进行严格筛选和控制，以及对高碳能源的逐步替代。

2. 具有能源结构调整的产业基础

从全国视角看，能源总体布局规划决定了未来上海能源结构基本架构的特点。比如，西北地区布局清洁可再生能源发电基地，西南地区布局大规模水电，上海等东部地区在全国能源战略布局中是作为可再生能源电力的受端市场。要实现大规模可再生能源替代，必须依靠长距离电力输送。特高压长距离输送从技术上已经很先进，能否实现基地到市场之间的连接，则由电力总体规划与电力市场改革决定。因此，能源结构调整要结合上海在国家能源布局中定位。在基本架构下，结合本地现实条件和产业基础对能源结构进一步优化。

当前上海在高端能源装备领域具有较强的产业基础。根据统计，2020 年上海高端能源装备实现工业总产值 466.72 亿元。其中，智能电网与分布式能源 148.04 亿元、高效清洁煤电 96.31 亿元、光伏 89.88 亿元、风电 58.06 亿元、核电 52.87 亿元、气电（燃机）21.56 亿元。这些高端产业主要分布在浦东新区（新能源装备基地）、闵行区（高端能源装备基地）、松江区（光伏、智能电网）、奉贤区（光伏、智能电网）（见图 2－17）。

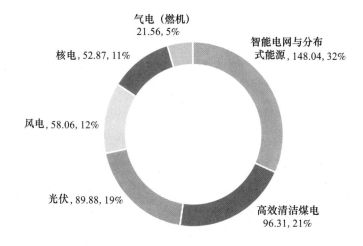

图 2－17　上海高端能源装备业工业总产值（2020 年）

资料来源：上海市产业地图，http：//map. sheitc. sh. gov. cn/index. html。

此外，在长三角区域内，气电、高效清洁煤电以及以光伏、风电为代表的装备制造业发展强劲。燃气轮机和超临界装备制造具备较好的自主研发能力和产业发展基础；风电装备制造业产业链完备，海上风电制造企业的累计装机容量在全国的占比超过 70%；光伏产业制造主要集中在产业链中下游，全国逆变器、组件、电池制造企业有 50% 以上集中在长三角地区。

专栏：申能集团布局氢能

申能集团围绕氢能上中下游，开展了多点布局，努力构建形成具有申能特色的氢能全产业链。氢源方面，投资入股拥有先进氢气提纯技术气体提纯净化企业瑞必科，为燃料电池汽车提供高纯氢气；积极推进上海市燃料电池汽车氢源保障基地项目，助力上海氢燃料电池汽车示范应用走在全国前列。储运方面，收购先进高压气体储运装备研发制造企业浙江蓝能，该公司拥有较强的自主创新能力和一定的市场份额。加氢站方面，已和中石油等成立了合资公司，负责综合能源站的投资建设，在临港新片区等区域积极布局，全市首个油氢合建站项目已开工建设。燃料电池方面，针对金属堆、石墨堆两个主流技术方向，开展平行布局，入股上海氢晨和神力科技，投资催化剂、膜电极等关键部件生产企业苏州擎动。

"十四五"期间，申能计划在氢能领域投资 20 亿元左右，努力构建具有申能特色的"制储运用"氢能业务板块，助力氢能尽快实现产业化发展、规模化应用。一是完善氢能基础设施建设。在奉贤区建设"上海燃料电池汽车氢源保障基地"项目，建成后将成为华东地区最大的燃料电池汽车氢源供应基地。二是打通储运环节堵点。持续提升浙江蓝能在氢气长管拖车用管束式集装箱、站用储氢瓶组、车载储氢等产品的竞争优势，积极探索有机液体储氢、液氢和固态储氢相关技术。三是全方位拓宽产业链条。打造燃料电池核心零部件产业集群，针对燃料电池系统、气体扩散层、空压机等领域开展投资，形成产业聚集效应。四是多场景构建示范应用。通过搭建氢能示范应用场景，把申能车、站、气、运及核心零部件等方面的产业优势有机整合。一方面立足长三角地区，推动新片区 BRT 中运量无轨公交、普通公交和通勤班车的氢能应用，联合物流运输、港口仓储等企业，开展氢能重卡示范运营，并配套建设 17 个加氢站。当前，临港新片区首条氢能公交线路已经投入运营。另一方面，加快"走出去"探索在山西长治等工业副产氢资源丰富、具备良好燃料电池汽车应用场景的地区布局建设"制储运用"项目；利用内蒙古包头白云鄂博矿区可再生资源，为矿区提供绿电、绿氢，打造氢能碳中和绿色工矿示范区。

3. 能源结构调整要将城市能源供给安全置于首要地位

上海作为国际大都市、超大城市，在能源结构调整过程中必须考虑城市能源供给安全问题。由于上海已经进入碳排放增长平台期，减碳和能源安全之间矛盾并不那么突出。相对其他省市自治区，在处理碳减排问题上具有更灵活的政策空间，没有必要为了减而关。煤炭和煤电定位问题，上海与其他省份不一样。要结合上海实际，以安全供应为首要原则，发挥煤炭（煤电）在一定时期内的兜底保障作用。但是也必须认识到，发挥煤炭（煤电）的兜底保障作用仅是在能源转型的过渡时期，是为低碳技术、低碳能源成熟应用和推广赢得一些时间，根本目标还是要实现"碳中和"。不能借安全保障的名义，过度发展煤电。未来城市能源供给安全体系需要围绕"碳中和"目标转型，由单一化石能源为兜底能源供应安全供应体系加快向多种能源共同兜底的能源安全供应体系转型。

（四）　上海能源结构调整方向与优化路径

从长期来看，能源结构调整不是量上的此消彼长，而是能源系统的变化。在全国能源布局视角下，上海作为长三角的核心地区，是风电、光伏发电等清洁发电基地重要的受电市场。在城市层面来看，上海能源系统是围绕外来输入的清洁电力而构建的新型城市能源供应体系，并在此基础上形成的新型城市能源管理体制。因此，上海能源结构优化路径可以简单表述为，对外依托外来清洁电力，构建清洁电力输入通道，奠定上海低碳能源结构的重要基础；对内构建安全、高效、低碳、智慧的新型城市能源系统。具体来说包括：

第一，依托外来清洁电力实现对本地煤电（主要是电量煤电）的逐步替代。规划外来清洁电力输入通道，夯实上海低碳能源结构的基础。协调国家大型清洁能源发电基地建设，规划上海外来清洁电力输入主干道，谋划构建几条可再生能源发电基地——上海、西南水电——上海的特高压输电线路，并接入华东交流特高压环网，形成南北多条特高压通道受电格局。不断扩大市外水电、风电、光伏发电等非化石能源发电输入规模，确保非化石能源占一次能源消费比重稳步提高。

第二，现有能源结构的优化挖潜，稳步向低碳能源供给结构过渡。能源结构调整是长期过程，不可能一蹴而就。在能源结构仍然以化石能源为主体阶段，能源系统自身优化提效是减碳的现实选择。逐步提高电气化比重。上海目前的电气化率要低于北京、纽约、伦敦等国际大都市。通过对上海数据分析，电气化比重提高，对本地碳减排贡献最大。重点是提升工业电气化水平和交通。以先进用电生产工艺替代传统生产工艺，开展高温热泵、大功率电热储能锅炉等电能替代示范。扩大电气化终端用能设备使用比例，持续提升重点行业领域电气化水平。推广电动汽车，制定燃油车退出时间表。提高电气化的同时，加快完善碳交易市场建设，通过市场价格平衡发电地区与售电地区的利益分配。稳步推进重点领域清洁能源替代。交通领域，全面推广新能源汽车，推进充电桩、换电站、中重型卡车加氢站建设；航空、航运领域探索可行的碳中性燃料替代方案；重点依托符合条件的工商业建筑、公共建筑屋顶、产业园区等，实施分布式太阳能光伏发电，积极推动农光互补、渔光互补、建筑光伏一体化等模式，实现可再生能源就地分散消纳。严格控制煤炭消费总量。控制工业用煤，确保重点企业煤炭消费总量持续下降。在保障电力供应安全情况下，合理保持公用电厂用煤稳定，积极推动公用亚临界煤电机组等容量替代，有序推进市内燃机调峰电源建设。对宝钢和上海石化自备电厂，按照煤电机组不超过三分之二实施清洁化改造，保留的煤电机组实施"三改联动"（节能改造、灵活性改造、具备条件的实施供热改造）或等容量替代。因地制宜、就地取材、适度规模发展可再生能源。重点是积极发展海上风电。临港海上风电基地建设，奉贤海上风电开发。

第三，围绕可再生能源为主的新能源，构建新型城市能源系统，提高城市对可再生能源的消纳能力，扩大消纳规模。建设高可靠性、高灵活性的坚强受端城市电网，支撑可持续城市能源体系建设。通过建设大规模源网荷友好互动系统，提升大受端电网的安全稳定水平与故障自愈能力，保证高比例区外清洁能源的可靠消纳。建设城市智慧能源系统。提升城市能源系统灵活性。开展燃煤、燃气发电机组和热电联产机组的灵活性改造工程，改善电力和热力系统的调峰特性。积极推动集中式和分布式储能示范工程建设，推动储能系统与新能源、电力系统协调优化运行，提升城市能源供应配置灵活可调。提升能源需求侧响应能力。实施能效电厂和能效储气设施等建设工程，引导电力、天然气用户自主提供调峰、备用等能源辅助服务。实施多能互补。在五大新城、产业园区、大型公用设施和居民小区，加强冷、热、电、气等能源生产耦合集成和互补利用，加强余热、余压及副产煤气等资源回收和综合利用，因地制宜推广应用热电联产、天然气冷热电三联供、多能互补综合利用等集约化供能方式。积极推动"互联网＋"能源服务。实施能源供应和消费设施智能化改造，加快城市综合能源规划、调度运行、信息集成等智能化系统建设，推进能源与信息技术的深度融合。充分利用互联网思维，创新能源商业模式，探索开展虚拟电厂、合同能源管理、能源云服务等新业态、新模式，建设"互联网＋"能源服务体系。

三 技术创新对上海绿色低碳发展的影响

（一）上海绿色低碳技术创新发展背景与基础条件

1. 绿色低碳技术创新发展背景

长期以来，技术创新都是上海低碳发展的重要推动力与实现条件。在低碳发展效果最为显著的"十二五"与"十三五"期间，以能源供给创新、能源消费创新、生产方式创新为代表的总体技术创新水平得到了极大的提升与发展，直接或间接地促进了上海碳排放强度的有效控制与显著降低。2011—2019 年，上海市 R&D 占 GDP 比例与专利申请和授权量呈现出逐年提升的态势，涨幅分别高达 33.8%、116.4% 和 109.7%，充分表明上海技术创新的投入与产出水平在此期间实现了大幅的提升与飞跃。与此同时，上海的碳排放强度得到了有效的控制，呈现出显著的下降态势。2011—2019 年，整体碳排放强度与不计算电力、热力的碳排放强度分别降低了 40.2% 和 49.5%，与 R&D 和专利产出水平呈现出相反的发展趋势（见图3-1、图3-2）。由此可见，近年来上海低碳发展总体上伴随着科技创新水平的显著提升。技术创新是上海"十二五""十三五"时期实现绿色发展目标的重要条件，也是"十四五"时期及"双碳"目标实现的关键基础。

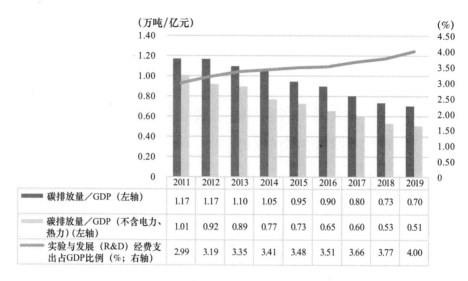

（万吨/亿元）	2011	2012	2013	2014	2015	2016	2017	2018	2019
碳排放量／GDP（左轴）	1.17	1.17	1.10	1.05	0.95	0.90	0.80	0.73	0.70
碳排放量／GDP（不含电力、热力）（左轴）	1.01	0.92	0.89	0.77	0.73	0.65	0.60	0.53	0.51
实验与发展（R&D）经费支出占GDP比例（%；右轴）	2.99	3.19	3.35	3.41	3.48	3.51	3.66	3.77	4.00

图 3 - 1 2011—2019 年上海市 R&D 与碳排放强度变化趋势

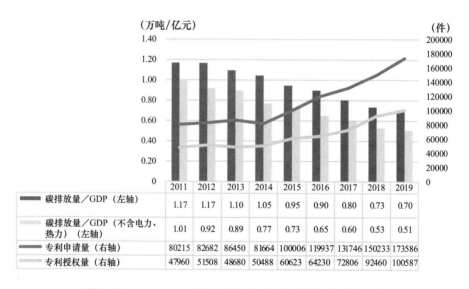

（万吨/亿元）	2011	2012	2013	2014	2015	2016	2017	2018	2019
碳排放量／GDP（左轴）	1.17	1.17	1.10	1.05	0.95	0.90	0.80	0.73	0.70
碳排放量／GDP（不含电力、热力）（左轴）	1.01	0.92	0.89	0.77	0.73	0.65	0.60	0.53	0.51
专利申请量（右轴）	80215	82682	86450	81664	100006	119937	131746	150233	173586
专利授权量（右轴）	47960	51508	48680	50488	60623	64230	72806	92460	100587

图 3 - 2 2011—2019 年上海市专利与碳排放强度变化趋势

在"十二五"及其之前的发展阶段，上海以低碳技术体系为基础，以技术创新和制度创新为核心，依托重点项目、低碳能源系统建设和低碳产业结构调整，实现了低碳绿色发展水平的提升。在重点项目方面，上海以举办世博会为契机，率先研究开发海上风电、建筑光伏一体化（BIPV）、浅层地热、江水热源泵、生物质能、太阳能、智能电网等新能源技术，以及 LED 照明、冰蓄冷技术、江水循环降温等遵循量减化（Reduce）、再利用（Reuse）和再循环（Recycle）3R 原则的建筑低碳技术，形成低碳生态的文化交流和公共活动中心。推动崇明三岛和临港新城的绿色低碳发展，打造低碳发展综合实践区，探索风电、太阳能光伏、氢能电网等低碳技术。在低碳能源系统建设方面，上海在"十二五"时期取得了特高压交流输电线路项目、燃气发电项目的重大进展，积极促进风电技术、光伏技术的开发与应用，风电装机与光伏装机达到了 61 万千瓦和 29 万千瓦，相比于"十一五"时期末水平分别增长了 2 倍和 14 倍之多，天然气、外来电、本地非化石能源消费比重显著提升。上海市在"十二五"时期积极发展节能降耗技术，构建分布式供能系统，重点突破基于化石能源的微小型燃气轮机及新型热力循环等终端的能源转换技术、储能技术、热电冷系统综合技术，形成基于可再生能源和化石能源互补、微小型燃气轮机与燃料电池混合的分布式终端能源供给系统，替代和关停小燃煤锅炉和窑炉。运用高效脱硝、除尘技术全面提升节能减排水平。布局核电、先进火电、燃气轮机、储能、智能电网等能源重点战略领域的技术创新，取得了技术、装备、产业链等方面的一系列重要突破。

在低碳产业调整方面，上海市在"十二五"时期加快节能、低碳、环保技术开发和产品推广。在工业领域完成铁合金、平板玻璃行业的退出，在钢铁、石化、电力等 12 个重点行业大力推进清洁生产，实施工业锅炉（窑炉）改造项目，促进节能技术和清洁能源技术的应用，替代高耗能落后设备，实施产业结构调整和重点领域节能减排项目，分别减少能源消费 435 万吨标煤和 99.43 万吨标煤。大力发展节能环保产业，在超超临界发电机组、非晶合金配电变压器、高效照明及智能控制系统等节能环保技术产品方面取得重要优势与突破。在建筑领域积极探索围护结构节能技术、能源系统节能控制技术、热泵技术、新风处理及空调系统的余热回收技术等，积极推进建筑节能改造工作。

在"十三五"时期，上海在低碳清洁能源技术方面取得了重要进步与突破。全面提升了供能技术、LNG 技术、风电技术、光伏技术、氢能技术、节能减排技术等绿色低碳技术水平。在供能技术上促进了煤电机组节能减排技术、自备电厂清洁技术、燃气热电联产技术、智能电网技术等的推广应用；在天然气技术上综合运用天然气管网技术、储备调峰技术、交通运输领域 LNG 应用技术等；在新能源技术上推进"风电田"技术、风光储补技术、分布式光伏发电技术、太阳能多元化利用技术、生物质能和地热能技术、氢能产供储销技术等的研发与应用。在工业方面，发展重点领域的能源管理技术和节能降耗技术，打造覆盖节能设计技术、节能运行技术、能耗在线监控技术、节能改造技术、数据管理技术等在内的能源监管和标准体系，持续深化清洁生产和资源循环利用技术。从能源供给、能源需求和供需协同方面实现了绿色低碳技术的显著提升与发展。

2. 上海技术创新支撑绿色低碳发展的基础条件

（1）上海技术创新整体优势

上海在创新投入强度与创新质量两方面均具有雄厚的实力与显著的优势，为绿色低碳技术发展提供了重要的基础条件。上海科技发展的目标为建设具有全球影响力的科技创新中心，研发创新的基础条件长期处于全国先进水平。2019 年上海单位 R&D 人员全时当量的内部经费水平和 R&D 内部经费占 GDP 份额分别居于全国首位和第二位（见图 3-3 和图 3-4）①，在创

---

① 注：鉴于数据可得性，本报告不涵盖中国香港、澳门和台湾地区。

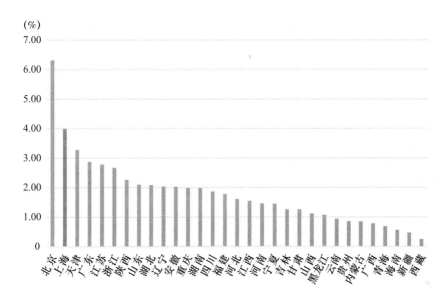

图 3 - 3 2019 年全国各地区研发强度情况

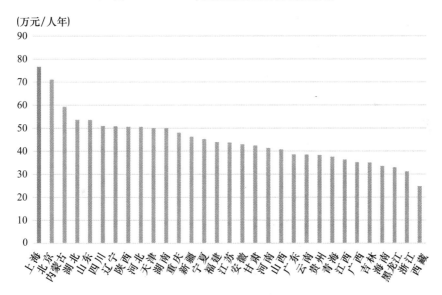

图 3 - 4 2019 年全国各地区单位研发人员（全时当量）R&D 投入水平

新强度方面为绿色低碳技术创新发展提供了重要的条件与支撑。在创新质量方面，上海市在重大原创科技成果、高新技术产业、高层次人才、创新合作平台和创新政策体系上均具有雄厚的基础与实力，成为绿色低碳技术诸多关键环节提升和突破的核心保障，如低碳技术"从0到1"的原始创新环节；重点领域如新能源汽车、能源装备、氢能技术等绿色技术创新的关键技术环节；能源系统、低碳建筑、低碳交通、生态系统等绿色低碳城市建设创新环节等。

（2）低碳创新机构与平台

上海拥有一批国内外一流高校、科研院所和创新平台，近年来在绿色低碳领域逐渐向专业化、任务化、开放化和合作化的方向发展，成为上海低碳技术研发、交流、应用与推广的实现条件与重要依托。其中具有代表性的有：中国科学院上海高等研究院、上海交通大学中英国际低碳学院、复旦大学上海能源与碳中和战略研究院、上海市环境科学研究院低碳经济研究中心、低碳技术研发和推广中心、上海市低碳技术创新功能型平台、低碳创新研究中心等。

（3）低碳创新企业

上海在绿色低碳技术的各个领域聚集了一批全国一流的龙头企业，成为上海绿色低碳技术发展的核心主体和主要动力。其中较多代表性企业具有低碳技术的突出发展特征与优势：在能源企业方面，国网上海电力是上海经济社会发展的"能源引擎"之一，近年来在可再生能源低碳技术方面实现了大幅提升，积极推动网络化、数字化和智能化技术在电网规划设计、建设运行和运营检修各环节的广泛应用。在能源需求端积极探索CCUS技术、电气化和节能提效技术的研发与应用。申能集团是上海城市能源安全供应和推动全市能源结构优化调整的重要单位之一。公司在新能源、新兴电网、节能技术、燃气产供储销、氢能全产业链技术等方面取得了突出成果，当前积极布局绿色低碳技术与模式，在新能源技术应用推广、"源网荷储一体化"布局、数字化技术应用、燃气与氢能产业链构建方面具有明显的发展优势。在钢铁石化企业方面，宝武集团拥有全球第一的钢铁企业经营规模和盈利水平，在国内钢铁行业绿色低碳技术方面处于领先地位。集团在"双碳"背景下陆续在富氢碳循环纯氧冶炼、欧冶炉富氢还原冶炼技术研究、氧气高炉煤气加热及炉身喷吹技术研究、二氧化碳资源化利用、百万吨级氢基直接还原竖炉短流程工艺、废钢比和热装热送比提升等工艺技术方面处于国内外领先水平，此外，宝武集团还积极构建全球绿色低碳创新研究基地、发起设立全球低碳冶金创新联盟，促进钢铁行业低碳技术创新突破和绿色发展水平的提升。上海石化积极探索能源结构由化石能源向"化石＋可再生"能源的转变，成功完成了光伏电站并网发电的示范性项目以及生物质在锅炉的燃烧性试验，取得了一定的技术创新成果。此外，上海石化积极布局海上风力发电，探索利用风电、光伏电解水生产绿氢，为打造风光电制氢的绿色低碳综合能源示范区和上海市绿氢供应中心提供重要基础。在新材料领域，上海石化积极推进碳纤维用于缠绕气瓶的制造工艺技术研发，已在金属、非金属内胆纤维全缠绕气瓶方面取得突破性成果。在建筑和交通运输企业方面，中建八局研发与应用工程泥浆的现场原位固化技术、钢结构内支撑、低能耗免泵送技术、装配式装修、装配式机房等绿色建造成果，自主研发了国内首款建筑碳排放计量软件"中建绿碳1号"，在全国建筑企业低碳技术发展方面处于领先地位。在交通运输领域，上汽集团在纯电动和氢燃料电池汽车、智能电车技术等方面具有应用推广的重要优势。现阶段上汽集团积极布局新一代锂电池、固态电池、碳化硅功率器件等前瞻技术，成为上海乃至全国低碳技术创新的汽车龙头企业。

（二）上海绿色低碳技术基本情况

1. 能源供给侧绿色低碳技术

上海能源供给侧低碳技术主要可以分为化石能源技术、新能源技术和能源存储运输技术三类。上海较早开始相关技术的研发与布局，经过长期发展，积累了有利条件与显著优势。当前上海化石能源占比约 70%，是碳排放约为北京两倍的重要原因。因此，能源供给结构的优化是上海绿色低碳发展的关键。其中，以新能源技术为代表的直接且显著改善低碳能源供给结构的低碳技术是未来上海实现能源供给侧"双碳"目标的最为重要的方法。

表 3-1　　　　　　　上海能源供给侧技术主要发展特征

	技术类型	技术成熟度（国际）	经济性	发展/突破方向
化石能源	高效煤电机组技术	商业投产运营（需进一步改进）	较高	效率进一步改善CUSS 技术应用
	IGCC 项目	商业预演/示范	待改善	应用和发展前景
	天然气分布式供能、储气、调峰技术	商业投产运营（需进一步改进）	较高	提升规模化应用水平
新能源	风电和光电技术	规模化整合	普通	大规模、高效、协调方面的改善
	氢能产销储运技术	商业投产运营（需进一步改进）	待改善	安全性提升、成本改善、
	生物质能、地热能、核能技术	规模化整合	普通	探索进一步开发的空间
能源储运	大规模储能、汽车电池技术	商业投产运营（需进一步改进）	普通	新型材料、大规模储能技术、高性能电池
	先进材料和两化融合技术	商业预演/示范	普通	先进技术在低碳创新的有效应用

第一，在化石能源技术方面，煤电和天然气是上海主体能源，上海在煤电和燃气低碳技术的发展上具有明显的基础和优势。2019 年年底，上海煤电装机容量 1499 万千瓦，占比 56%。天然气碳排放约为煤炭的 40%，是上海绿色低碳转型过渡期的

主要能源。在重要的煤电技术方面，上海在亚临界和超超临界等高效机组技术的研发与应用方面具有重要优势，技术成熟度处于国际领先水平。新型高效机组技术的持续突破与优化也成为上海煤电低碳发展的主要方向。上海早在 1992 年就投产了国内首台超临界机组，在超超临界机组关键材料技术突破、应用与投产方面均处于国内领先水平。以此为基础，上海市近年来先后将 600 兆瓦亚临界机组综合节能环保关键技术、660 兆瓦超超临界机组综合节能及环保技术、新型高效超超临界机组技术列为上海市节能减排与低碳科技关键技术应用研究项目，技术水平处于全国前列，以上海外高桥第三发电厂为代表的上海先进能源企业在机组效率方面处于国际领先水平。此外，上海在 IGCC 技术上具有一定的研发基础与优势，存在进一步发展的条件与空间。可根据技术的实际发展应用情况，在必要的情况下依托已有的基础与优势进行深入研发与大规模推广应用。上海早在 2006 年前后就陆续开展了"上海市整体煤气化联合循环（IGCC）发展规划研究"，并将 IGCC 作为产业发展的重点，组织相关企业、部门成立工作小组推进 IGCC 的各项前期工作，将 IGCC 粗煤气净化技术和 IGCC 多联产等技术列为低碳科技关键技术。上海电气作为主要供货商参与了华能集团国内首座 IGCC 示范项目，使上海 IGCC 技术处于国内领先水平，具备进一步发展的基础条件。在天然气低碳技术方面，上海天然气产销储运等技术处于全国领先水平，在燃机效率、分布式供能、LNG 应用技术方面积累了重要的技术研发基础与优势，存在进一步推广应用的需求与前景。上海将重型轮机高稳定性技术、100/300 千瓦微型燃气轮机技术等作为关键低碳技术进行研发。发展分布式能源冷热电联供技术，能源利用率可高达 85%。为解决用能需求问题，上海持续改善燃气调峰技术，建设燃气调峰电源，推广燃气热电联产技术。此外，上海积极促进 LNG 和天然气技术在交通运输部门的应用，发展内河货运船舶燃料和公路货车燃料的清洁能源替代技术，采用液化天然气（LNG）燃料动力货船和货车，主要用于长江等内河货运以及公路运输，实现液化天然气（LNG）在交通运输部门的清洁替代。

第二，在新能源技术方面，首先，上海在风电和光电技术方面具有重要的技术基础，具有进一步发展的优势条件与重要需求。风电技术上，上海市地理位置优越，具有丰富的风能资源禀赋，早在21世纪初就通过开发奉贤海湾风电项目开始了对风电技术的探索与应用。在"十一五"到"十三五"期间，上海通过发展建设以东海大桥、崇明、长兴、老港为代表的海陆风电项目，在海陆、多环境、大容量、高转速风机技术以及桨叶、发电机、塔架、液压变桨系统、偏航变桨轴承、主控制技术和变换器等风机核心零部件技术方面取得了重要突破，实现了供电水平与能力的显著提升。2019年年底，上海风电装机容量达到了823.85兆瓦，成为上海新能源发电的主要形式之一。在光电技术上，上海是全国较早发展光伏产业的地区之一，"十二五"时期以来上海光伏项目和技术呈现显著的提升与发展趋势。2009年《上海推进新能源高新技术产业化行动方案（2009—2012年）》对太阳能光伏的发展进行规划与引导。先后在晶硅电池技术、薄膜电池、聚光电池、电池组件等技术上实现了突破与提升，分布式光伏技术在建筑领域得到了有效的应用与推广。截至2019年年底，上海光伏发电总装机容量已达到100万千瓦，成为上海绿色低碳发展的关键能源技术。其次，上海较早地开展氢能技术的研究和开发工作，在氢能全产业链发展和氢能燃料电池技术方面取得了先发优势。上海市近年来加强氢能产供储销的技术研发与应用，在交通、商用、民用、工业等各方面全面协同推进，形成"氢能社会"。在氢能生产方面，上海全面推动光伏发电、与工业余热利用相耦合的高温固体氧化物电解制氢、高效大功率电解水制氢、基于非贵金属催化剂的可再生能源PEM制氢加氢等关键技术的研究及示范。在氢能储运技术方面，上海加快大规模低成本氢储运、液驱增压压缩系统等关键技术的研发及应用。在氢能应用技术方面，上海积极推进氢能技术在交通运输领域的有效应用。《上海市加快新能源汽车产业发展实施计划（2021—2025 年）》提出"2025 年上海市燃料电池汽车应用总量突破 1 万辆、建成并投用各类加氢站超 70 座、实现重点区域应用全覆盖"等重要规划。最后，上海在生物质能、地热能和核能等其他重要新能源方面具有研发应用的优势和经验，存在进一步发展的条件与空间。在生物质能技术与废物资源循环利用技术方面，上海持续推动生物质能在技术、产业和商业模式方面的创新，以及工业固废、建筑垃圾和城市污泥等资源综合利用技术。开展生活垃圾智能高效焚烧发电、干垃圾智能转运与高值利用、沼渣低碳高值化利用、湿垃圾高效清洁低碳资源化处理、垃圾填埋气提质增产高效资源化等关键技术的研究与示范项目，探索生物质能和废物资源利用技术在促进低碳发展过程中的积极作用与效果。在地热能技术方面，上海拥有丰富的浅层地热能资源和较强的地下空间开发基础，早在 1989 年就已开展了国内第一个利用地源热泵技术的浅层地热能开发利用项目。随着中国地热能利用水平逐渐跃居世界前列，上海地热能得到了持续的开发利用，地热能技术创新水平也随之不断提升，换热器参数优化等一系列新技术得到了有效的研发应用。未来随着低碳发展目标的持续推进，地热在低碳建筑领域将得到更为广泛的发展与运用，一系列国际先进地热技术如干蒸汽技术、闪蒸法技术、强化地热系统技术将得到进一步的研发、引进与应用。在核电技术方面，近年来，上海累计在核电研发项目上投入超过 100 亿元，申请近 3000 项专利，已经构建了国内最完整的核电产业链。在此基础上，上海在核电技术上将积极发展新一代核电技术，开发先进堆型，研制相应核电装备，拓展核电服务链，力争在数字化核安全级保护控制系统、乏燃料后处理等重要领域取得突破。

第三，在能源绿色低碳存储运输技术方面，上海分别通过发展大规模储能技术和汽车电池技术以及先进材料技术和两化融合技术，取得了能源存储运输绿色低碳技术的发展优势。上海近年来在电化学储能、风光储能等能源存储技术方面取得了关键突破与广泛应用，有效应对与解决了上海市电力调峰需求。现阶段上海市主要面向大规模储能技术和汽车电池技术两个方面，发展新型储能材料、新型储能装备和储能协同控制技术。在大规模储能技术方面，上海研发并掌握了 100 兆瓦级的电池储能电站技术。在储能电池技术方面，上海市积极开展高性能储能电极材料技术、高比能、长寿命、安全可靠的动力电池技术（质子交换膜燃料电池关键材料及电堆集成技术）、新能源汽车电池技术、园区百千瓦级燃料电池综合能源系统等先进技术的研究与示范。运输系统方面，一方面，上海在柔性交直流、先进超导等先进材料技术上具有关键优势，为能源运输低碳技术的开发创造了核心条件与重要优势。另一方面，上海积极推进互联网和能源在产销储运方面的深度融合，通过引入互联网、人工智能物联网、大数据、云计算、数字孪生等高新技术，有效促进两化融合，加快提高能源综合效率、清洁程度和服务水平。

2. 能源需求侧技术

第一，在工业领域，从 2019 年数据来看，上海工业部门碳排放总量占比约 60%，其中钢铁和石化产业占工业碳排放的 62%，是工业部门降碳的主要对象。以宝武集团为例，富氢碳循环高炉技术可以降低 30% 的碳排放，是创新驱动绿色低碳发展的核心体现。石化部门则主要通过绿色能源技术作为未来实现低碳发展的重要渠道。近年来，上海市在电气化技术、能效提升技术、余热余冷利用技术、资源利用技术和两化融合技术等共性低碳技术方面取得了较大的发展与应用，成为工业领域能源需求端绿色低碳发展的重要方式。

（1）电气化技术方面，上海工业电气化改造起步较早，在发展应用工业锅炉、窑炉电气化替代方面具有较强的技术积累与实践经验，直接促进了上海工业生产碳排放水平的降低。当前上海着力发展高温热泵、大功率电储热锅炉等电替代技术，进一步提升能源需求端行业电气化水平。（2）能效提升技术方面，上海在能源需求端的工业领域开展电机、风机、水泵、空压机等通用设备和空调冷水机组系统等能效提升工程，从高效电机、保温、节能变频调速等三方面技术的应用实现节能降耗，达到绿色低碳生产的目标要求。（3）余热余冷技术方面，上海加快研发相变储热、低温余热发电、废热资源制冷、热泵等技术。在相关低碳技术上实现重要突破，并在能源需求行业中得到有效的推广与应用。（4）资源利用技术方面，上海积极推进工业固废、建筑垃圾和城市污泥等资源综合利用技术和产品创新。实现生产工艺装备智能化与模块化改造。推进钢铁、有色、石化、化工、建材等行业拓展产品制造、能源转换、废弃物处理、消纳及再资源化等技术的研发应用，在工业窑炉、工业企业点对点等固体废物协同利用处置技术方面取得了较大的发展。（5）两化融合技术方面，上海积极促进信息化与工业化技术的融合发展，加快探索互联网、人工智能、云计算、大数据、物联网等信息化、智能化与数字化技术在工业绿色低碳生产体系中的应用，构建智能工厂、数字车间、网络协同制造、远程运维服务等创新生产体系，从节能降耗、能效提升、排放管控等碳排放的各个环节促进低碳发展水平的提升。除了共性技术的有效研发应用之外，上海钢铁与石化等重点工业领域还体现出了各自的显著发展特征。一方面，上海主要通过燃煤替代技术与节能增效技术两方面促进钢铁行业的绿色低碳发展。在燃煤替代技术方面，上海积极发展钢铁行业以电力为主的能源替代技术，实施钢铁行业电气化改造，全面提升钢铁行业电气化水平，从而达到控制碳排放的目标。在节能增效方面，积极应用降低生产能耗和资源回收利用的一系列技术，在能源利用环节实现低碳发展目标。另一方面，上海通过对生产能耗降低和资源回收利用技术的推广使用，达到石化行业绿色低碳发展的要求。

表 3 - 2 上海能源需求侧技术主要发展特征

	技术类型	技术成熟度（国际）	经济性	发展/突破方向
钢铁石化	电气化技术	规模化整合	普通	规模化应用
	节能增效技术	商业预演/示范	较高	规模化应用、新模式探索
	清洁能源替代	商业预演/示范	待改善	成本降低
交通	交通工具节能技术	规模化整合	较高	技术突破、提升技术有效性
	清洁能源替代	特定环境下的商业运营	待改善	安全性提升、成本改善
	交通场站和设施节能技术	规模化整合	普通	技术突破、提升技术有效性
建筑	建筑功能结构技术	特定环境下的商业运营	较高	低碳建筑生产技术/工艺

第二，在交通运输领域，上海通过促进能源替代、交通工具和交通场站三方面技术的研发、推广与应用，取得了显著的绿色低碳发展成果。在新能源技术方面，上海在电动汽车、LNG技术汽车和氢能汽车等技术领域持续进行开发与应用，使市内新能源汽车的累计量与推广量均呈现出迅猛增长态势，在2020年分别达到42.4万辆和12.1万辆，增幅高达40%和92%，促使交通运输行业能耗在2017—2019年显著放缓，交通运输行业的绿色低碳发展水平显著提升。在交通工具、交通场站和设施方面，上海主要围绕节能与能效改善等方面，对包括船舶、飞

机、轨道交通在内的外形、动力、空调、照明、循环等方面的节能技术进行重点研发与应用，为上海绿色交通运输体系的形成提供了条件与保障。

第三，上海建筑领域低碳技术的研发与应用处于国际领先水平，具有在全国范围内进行示范与推广的重要价值。从 2019年数据来看，上海建筑部门碳排放总量占比约 25%，其中建筑能效技术是上海建筑领域低碳发展的核心。早在 2011 年上海就已出台《上海市建筑节能条例》，以降低建筑能耗和提高能源利用率为目标，推动包括新型建工材料工艺技术和可再生能源应用技术（太阳能、地热能、风能、生物质能）在内的建筑节能技术的研发与应用，围绕建设、改造、使用的各个环节，重点关注围护结构、用能系统等主要节能领域，加快开启了上海通过技术创新支撑建筑领域低碳发展的进程。近年来，上海在建筑供能结构方面实现了相关技术的有效突破与应用推广，持续提升建筑围护结构、空调系统、能源资源利用、电气照明系统和节能管理等主要领域的技术应用及降碳能力。

3. 能源供需协同技术

第一，在能源和生产系统协同技术方面，能源系统、生产系统和"能源—生产"系统协同技术是上海供需协同绿色低碳技术的重要发展方向。首先，在能源系统协同低碳技术方面，上海充分顺应能源多样化发展趋势，积累了能源协同技术方面的发展优势。随着煤电、天然气等化石能源的持续转型优化和风能、光能、生物质能、氢能等新能源技术的逐渐推广与应用，上海能源结构呈现明显的多样化特征。在此背景下，一方面，与传统能源相比，部分新能源在供给方面具有较强的波动性、不稳定性、不确定性，对供能系统的调控能力造成了一定的压力。另一方面，能源的多样性及其有效利用对供电系统的有效消纳、综合运用、多维融合能力提出了关键要求。因此，上海对能源系统技术展开了积极探索，在智能电网、柔性交直流输配、先进超导等技术上取得了明显优势，为能源协同低碳技术创造了有利条件。其次，在生产系统协同的低碳技术方面，经过长期的发展与积累，上海在电力、钢铁、石化、化工等行业形成了完善和成熟的产业链体系，在电气化技术、能效提升技术、余热余冷技术、资源利用技术、两化融合技术等行业共性技术方面拥有较强的基础和先发优势，有利于上海进一步推动能源需求端生产和技术的耦合与综合运用，以规模化、体系化的方式促进资源的优化配置和技术水平的有效提升，从而增强产业体系及其内部各个行业的绿色低碳发展能力。最后，在"能源—生产"系统协同的低碳技术方面，上海近年来积极探索能源与生产系统的跨行业耦合技术，加快研发跨行业能源耦合多联产系统技术，在工业、交通运输业、建筑业等领域取得了良好的应用、示范与推广效果。在"能源—工业"协同发展领域，上海大力发展面向工业园区的多能互补优化的能源系统技术，构建能源与钢铁、石化等行业的耦合联产模式。如在钢铁行业积极探索钢铁多流耦合分布式能源技术，推进钢铁行业与分布式能源技术的耦合。在石化行业加速新能源技术的应用与替代，促进新能源与传统石化行业的耦合发展，推动"灰电"向"绿电"的转型，突破石化行业新能源使用的技术障碍，大幅提升新能源在石化行业结构与低碳转型中的地位和作用。在"能源—交通运输"系统协同领域，以新能源汽车为代表的低碳技术在上海交通运输领域得到了广泛应用。

在此基础上，上海近年来积极促进能源与交通运输系统的耦合发展，从而改善和扭转目前较多重要低碳技术在交通运输领域仅停留在"理论"和"试点"层面的不利局面。基于能源系统技术、信息技术、先进交通工具和设施，大力发展氢电油气网智能协同的新能源交通，打造"能源—交通运输"系统深度协同耦合的发展体系，进一步深化能源与交通运输领域的节能降碳水平。在"能源—建筑"系统协同领域，上海较早展开了对这一模式的探索与构建。2011 年的《上海市建筑节能条例》就对可再生能源（太阳能、地热能、风能、生物质能）在建筑行业的推广与应用提出了规划与要求，在近十年的发展时间里，以分布式能源冷热电联供技术、分布式光伏发电技术为代表的建筑供能结构技术得到了显著的改善与发展，成为"能源—建筑"系统协同低碳技术的重要形式。

表 3-3 上海能源供需协同技术主要发展特征

	技术类型	技术成熟度（国际）	经济性	发展/突破方向
能源和生产系统耦合技术	能源系统耦合	规模化整合	较高	风光水火储一体化、源网荷储一体化
	生产系统耦合	特定环境下的商业运营	较高	共性技术的应用、上下游行业技术协同发展
	"能源—生产"系统耦合	特定环境下的商业运营	较高	"能源—工业""能源—交通""能源—建筑"低碳技术耦合
碳捕获、利用与封存（CCUS）技术	捕集技术消纳盒利用技术	特定环境下的商业运营	待改善	推广应用、成本降低

第二，上海在碳捕获、利用与封存（CCUS）技术的研发与应用上处于国内领先水平，在高效、低成本、规模化技术方面展开了积极的研发与应用。作为解决碳排放"终端问题"的技术形式，CCUS 技术是保持"双碳"目标下电力系统的稳定性与灵活性的重要条件，因此对上海绿色低碳发展目标的实现具有重要意

义。上海在 2009 年就已开启了华能上海石洞口捕集示范项目，是当时世界最大的燃煤电厂碳捕集技术，实现了关键设备的全自主知识产权，采取燃烧后捕集的方法，捕集二氧化碳规模为每年12 万吨。此后，随着 CCUS 技术的不断提升与发展，中国 CCUS 项目逐渐丰富，也呈现出多样化发展趋势。在捕集方式上，逐渐涵盖了燃煤、化工、石化等对象的燃烧前、富氧、化学链燃烧和燃烧后捕集技术。在封存利用技术上，也涵盖了盐水层封存、油田 EOR、地热强化等封存技术，温室、食品包装等非转化技术，以及液体燃料、甲醇、碳酸盐、碳纤维、小苏打等化工产品的转化技术。从运营规模上，中国当前处于向百万吨每年的大规模示范项目转化阶段。目前上海积极探索低能耗碳捕集、二氧化碳化学品合成等技术的研发。包括二氧化碳脱除与转化率均高于 95% 的二氧化碳高效"捕集—利用"一体化技术、二氧化碳单程转化率不低于 30% 的二氧化碳电催化转化技术、以及应用于燃煤电厂的新型、大型、低能耗的 CCUS 技术。

（三）上海"双碳"目标下重要低碳技术的突破与发展方向

1. 能源供给侧低碳技术

（1）化石能源技术

对于上海煤电低碳技术，现阶段主要需要突破的阻碍是：首先，上海新型超超临界发电机组技术已经处于国际领先水平，进一步提升煤电机组效率存在一定的技术瓶颈，对统筹国内外研发资源、突破技术阻碍的能力提出了要求。其次，在技术的规模化应用方面，国家《关于开展全国煤电机组改造升级的通知》要求"除特定需求外，原则上采用供电煤耗低于 270 克/千瓦时的超超临界机组"，对上海高效煤电技术的推广应用提出了要求。最后，在能效提升技术的同时应大力发展针对化石能源的 CCUS 技术，从排放端进行低碳技术应用，构建"增效＋减排"的完整化石能源降碳技术体系。作为煤炭的主要替代能源，应以进一步扩大使用规模为目标发展上海天然气的技术创新水平，主要围绕存储运输和能效成本两方面进行。一方面，针对上海天然气发展的实际需求，通过进一步发展当前所需的罐式、地下、液化、管道、水合物储存、储槽增压、LNG 装车、大型 LNG 运输船、LNG－FSRU（浮式储存再气化装置）、LNG 燃料加注船等重点技术，深化天然气存储运输技术体系，是进一步增强上海天然气供给能力的核心保障。另一方面，进一步开发内燃机余热余冷利用技术和燃气轮机发电技术，提高天然气的综合利用效率，着力发展天然气产供储销全过程中的成本降低相关技术，有利于保障上海低碳发展过渡期天然气的有效供给与替代。

（2）新能源技术

当前上海风电技术应以支持能源规模化、高效化、协调化发展为导向，实现关键和核心环节的有效突破，进一步提升风电比重，平衡风电开发与生态保护、空间协调和海洋功能等方面的关系，突破和解决电网调峰消纳的瓶颈与障碍，使风能和光能更有效地服务于上海绿色低碳发展。在海上风电技术方面，着力研发大容量海上风电系统技术、大功率机组技术、机组抗台风技术、超大叶片技术、深水远海风场技术、漂浮式风机技术等海上风电设备技术。在陆上风电技术方面，发展大功率低速陆上风电机组相关技术和风电开发与土地围垦相结合的"风电田"技术，有效节省投资，提高土地综合效益和项目开发效率。在分布式风电技术方面，探索风光储互补技术、智能微网技术等。在成本降低技术方面，进一步研发应用柔性直流发电技术，显著控制与降低风电成本，促进风电平价化。进一步发展国际前沿风电技术，如海底固定式海上风力涡轮机技术、浮式海上风力涡轮机技术、浮动混合能源平台技术、机载风能系统技术等。以浙江、江苏大型海上风电的清洁能源基地建设为契机，促进长三角风电技术一体化发展。

在光电技术方面，上海应进一步发展光能存储运输技术，进一步拓展光伏技术的城市开发利用空间。为此，一方面，应积极推进高效晶硅电池开发，加快染料敏化电池、柔性薄膜电池及组件的示范应用和产业化，推进太阳能光热发电前沿技术研究。针对光伏技术仍存在的国内外前沿技术，如集成光伏、多结电池、钙钛矿型太阳电池、浮动太阳能光伏等，在分布式光伏发电站性能提升技术、光伏光热综合利用技术、光伏柔性直流用电关键技术等方面取得突破。另一方面，应在重点依托工商业建筑、公共建筑屋顶、产业园区实施分布式光伏发电工程的基础上，积极探索农光互补、渔光互补、风光互补技术。开展市政、农业、交通运输等领域的光伏依托技术创新，以及立面光伏、迁移式光伏的光伏设置技术创新。

制取技术、储运技术、应用技术是上海氢能技术发展的主要方向。在氢能生产方面，进一步提升制氢效率，包括基于光伏发电、工业余热的200千瓦级高温固体氧化物电解制氢系统、高效大功率电解水制氢关键技术等。在氢能储运方面，加强大规模低成本氢储运关键技术、液氢或化合物储氢及加氢站系统和装备技术，基于轻质元素的储氢新材料技术和固态灵便型储氢设备。在氢能应用方面，发展规模化应用的安全性技术、200千瓦级低成本、高性能、长寿命的质子交换膜燃料电池及热电联供技术、固体氧化物燃料电池技术及30千瓦级热电联供技术、富氢气体冶炼应用技术、天然气掺氢技术及终端应用技术，以及使用清洁能源的绿氢技术等。

（3）能源存储运输技术

当前上海储能技术在储能规模和储能效率方面还存在着明显的提升空间和发展需求，大规模高效率储能技术和新能源汽车电池技术是当前上海节能降碳的有效着力点。因此应加快基础储能技术的自主研发，充分整合国内外先进技术，促进储能技术体系的成熟度与应用性的提升，充分发挥规模性、高效性和应用性储能技术的节能降碳效果。在能源运输技术方面，上海应注重将现有的技术创新"优势"转化为低碳技术"胜势"。深入探索以柔性交直流、先进超导等为代表的关键材料技术以及以人工智能、大数据等为代表的高新技术在能源运输低碳技术中的全部应用形式、作用效果和发展前景，以进一步提升上海能源储运效率为目标，加快各个环节关键低碳技术的突破和应用，从能源供给的储运环节助力"双碳"目标的实现。

2. 能源需求侧行业绿色低碳技术

（1）工业领域绿色低碳技术

上海钢铁行业绿色低碳技术的发展方向为，在有效研发与应用行业重要共性技术的基础上，着力促进新能源技术和排放端低碳技术在钢铁领域的研发与应用。未来上海钢铁行业的技术创新发展方向为以氢代焦、碳捕集与封存（CCUS）等技术在生产中的应用，推进燃料绿色化预处理、高炉炼铁革新工艺、熔融还原、直接还原、氢冶金、低碳短流程铸轧、极致能效及二氧化碳产品化资源化利用等全生命周期的关键技术攻关，从而提升低碳和零碳炼钢炼焦技术水平。

上海石化行业绿色创新的发展方向为绿色石化产业链和低碳能源技术的研发与应用。注重发展绿色石化生态产品设计，提高低碳原料比例，减少产品全生命周期碳足迹。以大型炼化一体化发展为导向，推进下游烯烃产业链、芳烃产业链、化工新材料/精细化学品产业链的协同发展。鼓励化工行业优先使用天然气原料，减少焦炭、石油焦和煤炭的消耗量，研究碳回收和碳捕集等新技术的应用等。

（2）交通运输

与国内外交通运输领域前沿的低碳技术相比，上海在当前应用性较强的清洁能源技术方面具有稳固的发展水平和广阔的发展前景,《上海市加快新能源汽车产业发展实施计划(2021—2025 年)》要求到 2025 年实现产业规模国内领先,技术、设施、政策环境得到明显的优化与改善,从而对交通运输领域新能源替代技术的进一步发展提出了要求。在交通工具与交通场站和设施的节能增效技术方面,上海推广应用了一系列国内外领先的相关技术,在动力和燃料电池技术、智能化技术等方面具有明显的研发基础与优势,使得加快对氢能、电池、智能芯片等核心技术的开发与应用、统筹先进的技术与生产资源、构建绿色低碳的交通运输体系成为了上海现阶段发展的着力点。

(3)建筑领域

与国内外前沿建筑低碳技术相比,上海深入发展和广泛运用国际先进建筑低碳技术,在技术创新方面处于国内外领先水平,且依靠自身信息化、网络化技术的优势,在建筑低碳系统监控与信息化平台构建方面形成成熟的技术应用体系,在建筑领域降碳方面发挥了重要的效果,具有进一步发展和推广的价值。当前上海在低碳建筑领域进一步部署与发展低碳和零碳建造技术,综合发展与运用人工智能、大数据、物联网等新技术形式,打造智能化、网络化和信息化集成技术,对上海建筑行业进行全面的碳排放掌握和管控,据此制定建筑领域达成"双碳"目标的具体路线和相关举措。

3. 能源供需协同的绿色低碳技术

(1)供需系统协同的绿色低碳技术

上海在能源和生产系统协同技术方面具有领先优势。在能源系统方面,应通过进一步推动智能电网技术的研发和应用,提升上海供电系统协调运用和消纳风、光、生物质能等新能源的关键能力。在供电技术方面,上海在柔性交直流输配、先进超导等基础技术上具有明显优势。在能源调控与存储方面,积极发展能源路由器、能源交换机、新型储能材料、新型储能装备和储能协同控制技术。能源系统技术的综合运用为上海构建"风光水火储一体化""源网荷储一体化"模式、统筹运用各项新能源技术和提升供能效率创造了关键条件，深化了绿色低碳技术在能源供给端的耦合，在供能的源头端推进上海节能降碳任务要求。在生产系统协同方面，目前上海在能源需求行业的耦合以及共性技术的应用方面还存在较大的提升空间。行业耦合的低碳生产模式和体系尚未有效建立，需要借助当前低碳产业园区、低碳行业试点等工作的成效与经验，持续探索能源需求侧低碳技术体系的构建模式与构建方法。依托上海现有的关键共性技术优势，促进对应行业协同降碳能力的提升，形成共性技术在行业间的扩散效应和规模效应。在"能源—生产"系统协同方面，"能源—钢铁石化""能源—交通"和"能源—建筑"协同发展模式是上海绿色低碳技术发展的几个核心形式，也是达成"双碳"目标的相对先进、成熟和有效的发展形式。首先，推进分布式能源、新能源技术在钢铁、石化行业的应用，实施"多能互补、数据驱动、网储一体、源荷交互、极限能效"的策略和"源—网—荷—储"多流耦合分布式能源架构优化技术；其次，促进氢电油气新能源技术、储能电池技术等在交通运输领域的研发与应用；最后，发展可再生能源一体化存储，利用高效集成的零碳建筑技术，在能源利用效率和存储技术、"建筑—工业—能源"耦合发展的低碳建筑技术方面取得进展与突破。

（2）碳捕获、利用与封存（CCUS）技术

当前上海 CCUS 技术的问题与发展方向为：第一，CCUS 技术存在成本与能耗较大的问题，也是制约其应用推广的重要因素。前期投资、装置安装、设备维护、原料供应、设备运行等成本与能耗极大地提高了电力和石化企业的生产成本与产品价格，从企业收益的角度难以满足应用与推广条件。因此，上海应充分依托 CCUS 技术创新基础和技术创新政策优势，以降低技术成本为目标推动 CCUS 技术的发展成熟。第二，上海在先进、大规模、成体系的 CCUS 一体化技术方面还存在进一步加强的空间。由于 CCUS 项目目前还处于示范项目阶段，很多先进技术没有得到推广与应用。当前上海应立足于国内拥有先进技术和完备体系的大规模 CCUS 项目，全面吸收相关技术，在此基础上依托上海先进的创新资源优势，实现 CCUS 技术的突破与广泛应用。第三，上海在存储利用技术的安全高效方面仍具有补足与提升空间。既要发展二氧化碳封存、运输的安全性技术，又要提升二氧化碳的转化利用技术。第四，政策支撑需要进一步完善。鉴于 CCUS 技术的重要性及其高技术和高成本特征，上海应专门出台对于 CCUS 技术的配套与扶持政策，以实现技术的应用、推广、市场化为最终目标，对符合发展要求的 CCUS 技术予以财税政策的支持，从而加速促进 CCUS 技术的发展与成熟。

（四）上海技术创新促进绿色低碳发展的实现路径

1. 能源供给侧低碳技术的改进与发展方向

第一，进一步提升低能耗的高效火电机组技术和 CCUS 技术应用规模，围绕存储运输和能效成本改善两方面技术持续推进天然气的大规模应用。上海在传统煤电改造和天然气技术的掌握和应用方面具有重要的基础和明显的优势，应明确该领域进一步实现技术突破与技术应用的可能性及其对"双碳"目标实现的贡献度，与新能源技术的成本、可行性与降碳效果进行量化比较与综合考察，据此制定符合预期的化石能源技术发展规划和任务目标，指导高效火电机组、CCUS 技术、存储运输和能效改善等化石能源低碳技术的研发与应用。第二，上海在新能源技术方面存在明显的侧重与先后发展特征。应根据新能源内部技术分类，制定动态性、层级性、协调性的低碳技术发展规划，从而最有效地发挥新能源技术的降碳效果。上海在风电技术、分布式光伏技术、氢能技术等方面已具有较强的技术创新基础和推广应用经验，在核能、生物质能等方面还较多地处于研发与应用的可行性探索阶段，因此应积极推动大规模的风光基地建设，以支持能源规模化、高效化、协调化发展为导向，实现风电技术关键和核心环节的有效突破与应用，以进一步拓展光伏技术的城市开发利用空间为导向，发展光能存储运输技术，进一步寻求氢能、核能关键技术和安全性技术的发展和突破。第三，在科技革命和能源革命的背景下，上海能源的存储运输技术方面仍存在较大的发展空间。一方面，随着互联网、大数据、人工智能、5G 等技术的持续发展与突破，上海在完善柔性直流技术和先进超导技术，发展智能电网、智慧能源微网等技术的基础上，拥有进一步运用新技术形式、提高低碳技术水平的条件与优势。另一方面，新能源技术仍处于发展与突破阶段，随着光伏、氢能等重要能源的技术体系趋于成熟、应用规模持续提升，对能源存储运输技术的改善和发展提出了新条件与新要求，为促进存储和输送技术的提升提供了重要的推动力。

2. 能源需求侧低碳技术的改进与发展方向

第一，上海在钢铁、石化等工业高排放领域需要进一步加大对清洁能源和 CCUS 低碳技术的研发与应用力度，以低成本、规模化、规范化作为低碳技术发展的指导。此外，相比于能源供给领域，上海利用网络化、数字化技术钢铁石化等行业进行碳排放总量的控制，在能效提升、绿色产业发展方面仍具有广泛突破与系统规划的空间。第二，上海交通运输领域部分先进的重要低碳技术存在着进一步突破、推广和应用的核心需求。如在最核心的新能源交通运输技术方面，LNG 和氢能技术的广泛推广应用还存在着安全性、成本、基础设施、法律法规等方面的显著制约因素，因此应着力突破技术瓶颈、营造有利的技术和政策环境，加快对此类重要先进技术的应用性研发与推广。第三，上海在低碳建筑、用能结构等低碳技术方面取得了较好的研发和应用效果，具有评估和推广的重要价值。上海近年来在低碳建筑技术和用能结构技术的研发和应用已处于国内外领先水平。因此，准确评估建筑领域低碳技术的影响效果对于上海低碳目标的实现及其在全国层面的推广应用，从而助力我国"双碳"目标的实现具有重要意义。

3. 能源供需协同技术的改进与发展方向

第一，上海在能源供需协同技术的研发与应用方面处于国内领先水平，应进一步探索各项前沿能源系统技术应用模式的有效性，实现国内低碳技术的突破与推广应用。相比于能源供给和需求侧技术，体系降碳技术是更为成熟的规模化低碳技术，值得深入探索与推广。上海能源系统、生产系统和"能源—生产"系统协同的低碳技术具有重要的先行优势，取得了较好的成果，明确了低碳技术的未来发展前景，具有在全国范围内持续发展和应用推广的重要价值。第二，国内 CCUS 技术还处于试点阶段，上海应着力推进该技术的整合、突破与应用，改善技术的高成本、规模化与体系化应用等问题，充分发挥 CCUS 技术对"双碳"目标的关键作用。目前上海在大规模、成体系的 CCUS 技术应用方面与国内外领先水平还存在一定的差距，应有效依托自身创新优势，完善技术的配套与扶持政策保障，进一步整合对标国内外 CCUS 先进技术，降低技术成本，持续实现技术的安全、高效与规模化应用。

四　上海工业部门碳减排潜力及实现路径分析

为了将上海打造成具有世界影响力的社会主义现代化国际大都市，《上海市国民经济和社会发展第十四个五年规划和二〇三五年远景目标纲要》提出了发挥集成电路、生物医药和人工智能三大产业引领作用，促进电子信息、生命健康、新能源汽车、高端装备、新材料、现代消费品六大重点产业集群发展的工业发展布局。在"30、60"的"双碳"目标背景下，上海该如何统筹工业发展布局实施与"双碳"目标实现路径的关系，既能在经济发展上强化其在长三角融合发展中的龙头角色，又能在产业低碳转型发展中兼顾实现"双碳"目标？本章基于"遵守工业化发展规律，通过发展实现减排"的原则，从上海工业部门发展及碳排放的现实出发，动态分析上海工业部门碳减排潜力及实现路径。

（一）　上海工业部门发展与碳排放现状

上海工业部门主要包括六个重点行业和新能源、高端装备、生物、新一代信息技术、新材料、新能源汽车、节能环保、数字创意等工业战略性新兴产业。工业部门的碳排放主要来自六个重点行业，其中，钢铁和化工占比最高。

1. 上海工业发展以六个重点行业为主，战略性新兴产业增长迅速

2020 年，上海全年实现工业增加值 9656.51 亿元，比上年增长 1.4%。全年完成工业总产值 37052.59 亿元，增长 1.6%。其中，规模以上工业总产值 34830.97 亿元，增长 1.9%。在规模以上工业总产值中，国有控股企业总产值 12904.24 亿元，下降 1.3%。

从细分行业来看，全年六个重点工业行业完成工业总产值 23784.22 亿元，比上年增长 4.1%，占全市规模以上工业总产值的比重为 68.3%。已经形成了以汽车制造业为首的几大千亿产业集群，包括：计算机、通信和其他电子设备制造业、通用设备制造业、化学原料和化学制品制造业、电气机械和器材制造业、专用设备制造业、石油、煤炭及其他燃料加工业、电力、热力生产和供应业、黑色金属冶炼和压延加工业。全年规模以上工业产品销售率为 99.4%。全年新能源汽车产量 23.86 万辆，增长 1.9 倍；3D 打印设备产量 961 台，增长 23.2%；集成电路产量 288.67 亿块，增长 21.7%。全年新能源、高端装备、生物、新一代信息技术、新材料、新能源汽车、节能环保、数字创意等工业战略性新兴产业完成工业总产值 13930.66 亿元，比上年增长 8.9%，占全市规模以上工业总产值比重达到 40.0%。

从细分行业来看，全年六个重点工业行业完成工业总产值 23784.22 亿元，比上年增长 4.1%，占全市规模以上工业总产值的比重为 68.3%（见表 4-1）。

表 4-1　　2020 年上海市六个重点行业工业总产值及增速

指标	工业总产值（亿元）	增速（%）
电子信息产品制造业	6466.23	5.3
汽车制造业	6735.07	9.3
石油化工及精细化工制造业	3488.97	0.5
精品钢材制造业	1120.40	-4.2
成套设备制造业	4556.95	0.6

续表

指标	工业总产值（亿元）	增速（%）
生物医药制造业	1416.61	2.9
合计	23784.22	4.1

资料来源:《2020 年上海市国民经济和社会发展统计公报》。

　　从区域来看，浦东新区是上海工业总产值最大的区域，布局的工业多为战略性新兴产业；其次是嘉定区，主要工业为汽车制造业，是支撑上海市汽车制造业实现 9.3% 高速增长的主力；然后是松江区和闵行区，主要以新兴产业和先进制造业为主；再次是金山区和宝山区，主要工业为钢铁、化工等传统工业和光电新材料、生物医药等新兴产业，是上海市传统工业的主要阵地和产业转型升级的重点区域，也是上海市工业部门碳排放的主要区域；然后是奉贤区、青浦区和杨浦区，主要产业为新一代信息技术、化工新材料，其中，化工产业主要位于横跨金山区和奉贤区的上海化工园区中；其他区域工业产值较小，大多为新兴产业（见表 4 - 2）。

表 4 - 2　　　　　　　上海市各区工业总产值及主要产业

地　区	工业总产值（亿元）	工业主要产业
总　计	34913.19	钢铁、化工两大传统工业，新材料、新一代信息技术、人工智能等新兴产业
浦东新区	10017.55	集成电路、生物医药、人工智能、高端装备、新能源车、大数据
黄浦区	39.31	生物医药、人工智能
徐汇区	705.9	人工智能、生命健康
长宁区	164.9	人工智能
静安区	85.2	数据智能产业、生命健康

续表

地　区	工业总产值（亿元）	工业主要产业
普陀区	175.75	智能软件、生命健康
虹口区	56.21	数字产业
杨浦区	1219.83	人工智能等新一代信息技术、机器人等先进制造业
闵行区	3293.88	高端装备、新一代信息技术、生物医药、人工智能、新材料等高新产业、先进制造业和战略产业
宝山区	2021.62	新材料、智能制造、生物医药等新兴产业，钢铁产业（宝武）
嘉定区	5792.49	汽车制造业
金山区	2121.73	化工、新材料、生物医药、新一代信息技术、高端智能装备
松江区	3857.86	新能源汽车、半导体等战略性新兴产业、先进制造业
青浦区	1601.26	软件产业、新一代信息技术
奉贤区	1847.48	化妆品产业、化工新材料、智能网联新能源车、新能源
崇明区	412.49	汽车及零部件配套产业、海洋装备制造

资料来源：《上海统计年鉴2020》、各区"十四五"规划。

从工业产品来看，上海市的工业主要为钢铁、化工、汽车、能源、集成电路、家电、电子设备、人工智能等。从发展趋势看，钢铁产量有所减少，化工产量有所增加，汽车产量有所下降，新能源汽车产量大幅增长，能源产品除了焦炭都有所增长，集成电路产量比上年增长21.7%，家电和电子设备等产量都有所下降，笔记本计算机比上年增长76.1%，工业机器人和3D打印设备比上年分别增长9.6%和23.2%。总体看来，传统工业产品产量呈现出下降趋势，智能化、高端化、低碳化工业产品产量呈现出明显的增长趋势（见表 4 - 3）。

表 4 - 3　　　　　　　上海市主要工业产品产量

指标	2020 年	2019 年	2018 年	2017 年	2016 年
原油产量（万吨）	52.03	39.1	6.47	6.83	6.53
天然气产量（亿立方米）	15.11	12.47	14.54	1.71	2.02
啤酒产量（万千升、万吨）		44.21	49.96	56.43	60.8
卷烟产量（亿支、万箱）		903.64	892.7	896.65	926.7
纱产量（万吨）					
布产量（亿米）	1.03	1.16	0.92	0.96	1.13
机制纸及纸板产量（万吨）		50.4	16.79	46.25	62.08
焦炭产量（万吨）		549.28	544.91	556.92	542.85
硫酸（折 100%）产量（万吨）		8.62	15.92	19.02	17.32
烧碱（折 100%）产量（万吨）		74.42	71.13	74.45	70.8
纯碱（碳酸钠）产量（万吨）					
乙烯产量（万吨）		211.12	172.88	201.2	209.32
农用氮、磷、钾化肥产量（万吨）	0.96	1	1.02	1.86	1.75
化学农药原药产量（万吨）		1.24	1.06	0.63	0.6
初级形态的塑料产量（万吨）		431.41	335.39	364.03	380.73
化学纤维产量（万吨）		40.92	39.7	43.45	43
水泥产量（万吨）	398.89	441.53	414.52	417.53	418.42

续表

指标	2020 年	2019 年	2018 年	2017 年	2016 年
平板玻璃产量（万重量箱）					
生铁产量（万吨）	1411.3	1490.07	1476.75	1447.72	1587.21
粗钢产量（万吨）	1575.6	1640.25	1630.09	1607.7	1709.14
钢材产量（万吨）	1879.61	1819.69	1983.32	2056.04	2080.14
金属切削机床产量（万台）		0.44	0.6	0.53	0.52
大中型拖拉机产量（万台）		0			
汽车产量（万辆）	264.68	274.9	297.76	291.32	260.77
轿车产量（万辆）		161.96	194.77	195.94	207.39
家用电冰箱产量（万台）	21.15	33.81	46.08	54.74	56.38
房间空调器产量（万台）		314.2	382.84	389.74	349
家用洗衣机产量（万台）		147.75	140.07	148.76	163.21
移动通信手持机产量（万台）	3686.58	4173.16	4729.04	4710.2	4801.43
微型电子计算机产量（万台）	1799.51	1121.69	1448.81	2487.31	3083.95
集成电路产量（万块）	2886700	2075941.16	2334800	2331900	2277600
彩色电视机产量（万台）		135.75	144.38	136.12	115.41
发电量（亿千瓦小时）	861.74	822.13	839.7	859.25	807.29

资料来源：国家统计局、《2020 年上海市国民经济和社会发展统计公报》。

2. 上海工业部门终端能源消费呈下降趋势，碳排四大行业为主

（1）煤炭领衔工业能源消费下降趋势，煤基能源和石油基能源是工业碳排放的主要来源

"十三五"时期，上海市工业能源消费总量下降趋势明显，从 2016 年的 5681.66 万吨标准煤下降到 2020 年的 5304.68 万吨标准煤，工业电力消费略有下降，从 2016 年的 798.18 亿千瓦时下降到 2020 年的 769.46 亿千瓦时。万元工业增加值能耗和电耗都有所下降，分别从 2016 年的 0.71 吨标准煤和 990.09 千瓦时下降到 2020 年的 0.59 吨标准煤和 842.69 千瓦时。从工业企业终端能源消费的情况来看，各种能源的消费都呈现出下降趋势，其中，煤炭消费下降幅度最大，从 2016 年的 5681.86 万吨标准煤下降到 2020 年的 5304.68 万吨标准煤，电力消费略有下降，从 2016 年的 798.18 亿千瓦时下降到 2020 年的 769.46 亿千瓦时。万元工业增加值能耗和电耗都有所下降，分别从 2016 年的 0.71 吨标准煤、990.09 千瓦时下降到 2020 年的 0.59 吨标准煤和 842.69 千瓦时（见表 4 - 4）。

表 4 - 4　　　　　　　上海市工业部门能源消费总量

年份	工业能源消费量 （万吨标准煤）	工业电力消费 （亿千瓦时）	工业增加值能耗 （吨标准煤/万元）	工业增加值电耗 （千瓦时/万元）
2016	5681.86	798.18	0.71	990.09
2017	5537.01	798.22	0.64	921.97
2018	5360.68	780.21	0.60	869.47
2019	5446.65	748.39	0.61	830.69
2020	5304.68	769.46	0.59	842.69

资料来源：《上海统计年鉴 2020》《上海能源和环境统计年鉴 2021》。

CEADs 数据库显示，2019 年，上海市碳排放总量为 192.91 百万吨，其中，工业部门碳排放总量为 115.06 百万吨，占比 59.64%。从能源消费的角度来看，来源于煤基能源、石油基能源和天然气的排放总量分别为 91.01 百万吨、80.97 百万吨和 19.69 百万吨，分别占比 47.18%、41.97% 和 10.21%。从工业细分行业来看，石油加工和焦化，黑色金属冶炼和压制，化工原料及化工产品和电力、蒸汽、热水的生产和供应为排放总量的前四大行业，均为千万吨级别排放，占排放总量的比例为 43.85%，占工业部门碳排放总量的比例为 73.52%。消耗能源最多的为化学原料和化学制品制造业，为 1411.67 等价万吨标准煤，其次是黑色金属冶炼和压延加工业，为 1227.15 等价万吨标准煤，然后是石油加工、炼焦和核燃料加工业，电力、热力的生产和供应业，计算机、通信和其他电子设备制造业，汽车制造业等。在能耗方面，从行业的能耗来看，黑色金属冶炼和压延加工业的能耗最高，其次是石油加工、炼焦和核燃料加工业与化学原料和化学制品制造业。从企业的能源消费情况来看，等价综合能源消费量大于 100 万吨标准煤的企业有中国宝武钢铁集团有限公司、上海化学工业区发展有限公司、中国石化上海石油化工股份有限公司、上海华谊（集团）公司、中国石化上海高桥石油化工有限公司、上海电力股份有限公司、上海汽车集团股份有限公司，除了上海汽车集团，其他企业的能耗均高于工业平均水平，最高的为宝武，达到了 1.21 吨标准煤/万元。从产品的能源单耗来看，乙烯、炼焦、水泥、吨钢、电厂火力发电的单位能耗都有所增加，单位能耗较

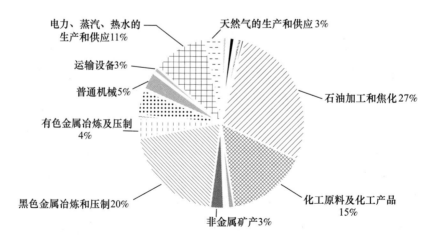

图 4-1　上海市 2019 年工业部门碳排放情况

资料来源：CEADs 数据库。

高的产品主要为钢铁和化工产品。可以发现，传统工业是上海工业碳排放的主要来源。

（2）工业碳减排以节能和配额管理为主

"十三五"时期，上海市通过推进工业节能减排、清洁生产和资源循环利用为重点，深化产业结构调整，有效压缩低效产能规模，工业绿色低碳发展取得显著成效。"十三五"用能总量累计下降 356 万吨标准煤，单位工业增加值能耗累计下降 17%。完成 500 余家工业重点用能单位能源审计，推进 413 家重点用能单位建立能源管理体系，挖掘节能潜力 110 万吨标准煤。组织实施节能改造项目 421 项，节能量 42.3 万吨标准煤。完成市级产业结构调整项目近 6000 项，共减少能源消费近 150 万吨标准煤。全市主要工业产品单耗持续下降，电厂发电煤耗、吨钢综合能耗、芯片制造、乘用车单耗等达到国内领先水平。全面推进减硝行动，完成 6754 台燃油燃气锅炉低氮改造，减少氮氧化物排放约 0.44 万吨。加强重点区域重点企业清洁生产审核，累计完成 385 家企业验收，实施 4644 个项目改造，节能 12.5 万吨标准煤，节水 222.0 万吨，减少污染物排放 1 万余吨，基本完成金山工业区、金山二工区、星火工业区规上企业清洁生产全覆盖。积极推进 14 家国家级、21 家市级园区循环化改造，确定了改造方案并启动实施。大力推进工业固体废弃物深度利用，大宗工业固废综合利用率保持在 98% 以上，利用水平、研发能力国内领先。

（二）"双碳"目标下上海工业部门的发展定位及碳减排潜力分析

"双碳"目标下，上海工业部门要统筹好发展与碳减排之间的关系，在促进工业高质量发展的同时，按要求实现"双碳"

目标。上海工业部门可选的碳减排路径必须遵循工业化发展的规律，以持续推动工业转型升级为原则，在完善现代工业体系的同时，实现科学有序的碳减排。而碳减排潜力则要根据在可选碳减排路径上的改善空间来进行分析。

1. 工业发展定位

从工业化规律来看，工业化进程是一个持续演进的动态过程。发达国家尽管已经完成了一轮工业化，但要保持发展动力，仍要推进再工业化进程。可以发现，以降低工业比例、提升服务业比例实现的产业结构高级化要获得持续的发展动力，必须通过全球化的产业分工，将本国的服务业，特别是生产性服务业，嵌入全球产业链价值链的中高端环节，从而获取在产业链上下游实现对全球工业配套的能力。然而，在中美经贸摩擦和新冠肺炎疫情对经济全球化持续产生冲击的影响下，产业链供应链安全使得自主可控的产业链体系成了全球发展的重点方向。仅具有全球配套能力，而没有"内循环"的产业体系，在外部冲击下很难再保持其发展动力，因此，不论是全球的产业链体系，还是一国或一地区的产业链体系，产业链体系的中心环节都是工业。在当前发展形势下，上海构建和完善内、外循环的产业体系都需要将工业稳定在30%以上。2020年，上海市工业增加值占地方生产总值的比例为24.95%。从发展趋势来看，这一比例正在小幅下降。参考工业强国日本和德国2019年的数据，分别为28.75%和27.01%。按照人均GDP类比，日本和德国在当前上海市人均GDP水平阶段的工业增加值占国内生产总值的比例都高于30%，因此，在当前形势下，上海市要促进战略性新兴工业的发展，强化工业龙头的引领作用，需将工业占比提升30%以上。

"双碳"目标下，上海工业产业结构的调整要综合考虑产业在全球和国内的产业链环节和生命周期阶段。2020 年，上海市 GDP 中，第二产业增加值为 10289.47 亿元，占比 26.59%，其中，工业增加值为 9656.51 亿元，占比为 24.95%。工业总产值为 37052.59 亿元，其中，战略性新兴产业总产值为 13930.66 亿元，占比 37.60%；六大重点行业总产值 23784.22 亿元，占比 64.19%，其中，化工、钢铁、汽车三大传统产业总产值 11344.44 亿元，占比 30.62%。全年战略性新兴产业增加值 7327.58 亿元，比上年增长 9.2%，其中，工业增加值 2959.79 亿元，增长 9.6%；服务业增加值 4367.79 亿元，增长 8.9%。从三次产业结构来看，工业已经跌破 25% 的比例。从工业结构来看，传统工业仍是上海工业的主力，在总产值中占比 62.4%，在增加值中占比 69.35%。从全球发展趋势来看，上海的这些传统工业仍有较大的发展空间，仍处于产业生命周期的发展期和产业链的中低端环节，其中的一些核心技术、设备和关键零部件仍存在"卡脖子"问题，如现代高端精细化工产品技术、汽车发动机技术、炼钢炉技术等，"双碳"目标下应加强工业低碳技术的研发应用，加快促进上海传统工业部门转型升级。从我国国内来看，上海的传统工业已处于产业生命周期的成熟期，具备较完备的产业链体系，在国内具有一定的竞争力，但竞争力呈现出减弱趋势。主要原因是，在长三角地区，各地传统工业的产业结构高度相似，同质化竞争较严重，特别在钢铁、化工和汽车制造业上，上海、江苏、浙江都具有一定规模的产业基础。与它们相比，上海在技术创新和产业链集成配套能力方面仍具有一定的优势，受资源和环境约束收紧的限制，在产能方面的竞争力正在减弱。"双碳"目标下应在全国和长三角层面进行传统工业产业链统筹，淘汰无效或低效产能，解决同质化竞争带来的资源浪费问题，提升上海工业部门在长三角的龙头地位。从上海本地来看，传统工业大多为战略性新兴产业的上游,是上海工业产业体系的重要组成部分,"双碳"目标下应统筹重点传统工业和战略性新兴产业的发展,不断促进传统工业转型升级,为战略性新兴产业发展提供重大支撑,形成自组织发展的工业结构。

早在 2007 年,在习近平同志的指导下,上海市政府发布了《关于进一步加强国内合作交流工作的若干政策意见》,指出上海需要做好"服务长三角、服务长江流域、服务全国"的工作。按照国务院下发的《进一步推进长江三角洲地区改革开放和经济社会发展的指导意见》和批准实施的《长江三角洲地区区域规划》的要求,上海需要加强与苏浙两省规划协调,推进部门沟通联系,组织好、实施好规划确定的重要任务、重要项目、重点专题,加强上海与长三角在产业、交通、科技创新、物流、环保、能源等方面的区域合作,促进长三角地区整体竞争力提升。2018 年 11 月 5 日,习近平总书记在首届中国国际进口博览会上宣布,支持长江三角洲区域一体化发展并上升为国家战略。

2019 年,中共中央、国务院印发了《长江三角洲区域一体化发展规划纲要》,指出了"发挥上海龙头带动作用,苏浙皖各扬所长"的区域协调互动发展方向,即:上海要着力提升大都市综合经济实力、金融资源配置功能、贸易枢纽功能、航运高端服务功能和科技创新策源能力,有序疏解一般制造等非大都市核心功能,提升上海城市能级和核心竞争力,引领长三角地区一体化发展;将江苏打造成具有全球影响力的科技产业创新中心和具有国际竞争力的先进制造业基地;将浙江打造成全国数字经济创新高地、对外开放重要枢纽和绿色发展新标杆;将安徽打造成具有重要影响力的科技创新策源地、新兴产业聚集地和绿色发展样板区。中心区重点布局总部经济、研发设计、高端制造、销售等产业链环节,大力发展创新经济、服务经济、绿色经济，加快推动一般制造业转移，打造具有全球竞争力的产业创新高地。建设皖北承接产业转移集聚区，积极承接产业转移。推动中心区重化工业和工程机械、轻工食品、纺织服装等传统产业向具备承接能力的中心区以外城市和部分沿海地区升级转移，建立与产业转移承接地间利益分享机制，加大对产业转移重大项目的土地、融资等政策支持力度。

2020 年，科技部印发了《长三角科技创新共同体建设发展规划》的通知，指出：充分发挥上海科技创新中心龙头带动作用，强化苏浙皖创新优势，努力建成具有全球影响力的长三角科技创新共同体。提升上海创新能级和国际化水平，加快国际科技创新中心建设步伐，发挥辐射带动作用，引领长三角一体化发展。以上海为中心，沿海岸线向北、向南展开，分别打造北至南通、盐城、连云港的沪通港沿海创新发展翼和南至宁波、绍兴、舟山、台州、温州的沪甬温沿海创新发展翼。

因此，对于已进入后工业化阶段的上海，需要谨慎平衡工业发展与工业碳减排的关系，充分吸收借鉴发达国家工业化发展经验，谨防"产业空心化""过早去工业化""脱实向虚"等趋势，保持30%以上比例的工业，加快促进主导传统工业淘汰落后产能和转移过剩产能，持续推进绿色低碳转型，强化钢铁、化工等传统工业为新能源汽车、新材料、生物医药等新兴产业提供上游供应的配套能力，在产业链中高端环节上持续保持竞争力，不断提升产业链集成配套能力，推进全产业链体系绿色低碳转型，同时，加快布局和发展新兴产业，促进工业产业结构向创新密集型转变，不断推进工业向产业链价值链中高端环节攀升。具体方向上，需要推动钢铁、化工、汽车等传统工业资产重组，提升产业集中度，将先进产能、高端产品以及中高端环节留在上海本地，将低端产能在长三角范围内统筹转移，并加快推进传统工业为新兴工业配套能力，提升工业产业链集成协同能力。强化工业低碳技术研发与应用，重点推进短流程炼钢技术、高能效转炉技术、精细化工产品技术、关键装备和零部件先进新材料技术等发展，加速传统工业绿色低碳转型，进而推动全工业产业链体系绿色低碳转型，并建立工业绿色低碳产品标准体系和价格体系。加强新兴产业布局，加快工业创新能力建设，超前储备芯片、集成电路、新能源、先进新材料前沿技术，持续保持上海工业在长三角的引领地位。

2. 碳减排潜力分析

目前，上海工业部门可选的碳减排方法包括工业结构调整、工业能效提升、工业用能结构调整、工业低碳技术应用、碳排放交易以及碳汇等。综合考虑各种碳减排方法的潜力和未来上海市工业发展布局，基于 2019 年上海市碳排放数据，本报告认为，上海市工业部门的碳排放峰值约为 1.3 亿吨。

（1）工业结构调整的碳减排潜力有限：传统工业缩减空间有限，新兴产业增长趋势明显

工业结构调整主要是考虑传统工业与新兴工业的比例，传统工业一般具有高耗能、高污染、高碳排放等特征，相对而言，新兴工业的耗能、污染排放和碳排放相对较低。对于上海工业部门，需要综合考虑钢铁、化工、石化、汽车等传统工业的发展定位以及新能源汽车、人工智能、新材料等新兴工业的布局。传统工业的发展定位需要慎重考虑存量与增量的关系，存量存在本地绿色低碳转型升级、产业转移和产业替代三个发展趋势，增量需要综合考虑产业体系完善升级贡献、污染排放与碳排放容量、经济贡献等因素。

　　当前，上海正处于后工业化时期，工业结构主要以传统重工业为主，产业结构不平衡的问题仍然存在。一是钢铁、石化、水泥等传统行业的低水平产能过剩问题仍然存在；二是创新能力和高端新兴产业发展不足，先进新材料、关键装备、核心零部件和基础软件的自主研发生产短缺问题较为严重；三是实体经济与虚拟经济发展不平衡的趋势正在强化，存在一定的"脱实向虚"倾向，高质量实体经济供给不足；四是资源环境承载力难以支撑工业化进程，绿色低碳经济发展不足。

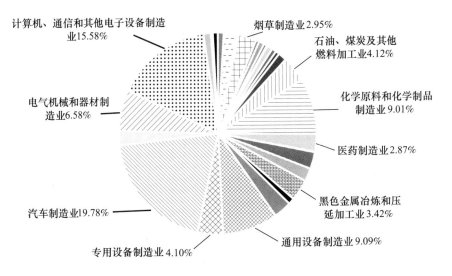

图 4-2　2019 年上海市工业结构

资料来源：《上海统计年鉴 2020》。

　　因此，"十四五"时期，乃至以后的 40 年里，上海需要促进工业产业结构从资本密集型主导向科技密集型主导转变，建立健全工业化的创新驱动机制，实现工业化动力从投资驱动向创新驱动转变，以绿色低碳制造业为先导推进可持续工业化，促进工业化与信息化深度融合，形成创新驱动的现代化工业经济体系。针对以上的问题，上海市工业结构调整的方向主要包括：一是淘汰存量传统工业的过剩产能，促进存量传统工业先进产能绿色低碳转型升级、与信息化融合，增加增量传统工业高端产品的供给，不断提升传统工业为新兴产业配套的供应能力，促进工业向产业链价值端中高端攀升；二是增加研发投入，鼓励在工业关键设备、核心零部件和基础软件上进行自主研发，按照最新低碳技术标准布局相关新兴工业，稳定和强化其在长三角融合发展中的龙头引导作用。从产业链上下游关系来看，本地传统工业为新兴产业的发展提供大量的原材料和中间产品配套，工业产业链整体具有一定的集成配套能力。未来，在"双碳"目标驱动下，存量传统工业去产能能发挥一定的碳减排潜力，但增量传统工业和新兴产业带来的碳排放总量增长会占用存量传统工业退出的碳排放容量，使得工业结构调整带来的碳减排潜力趋于零。

（2）工业能效提升的碳减排潜力最大：传统工业能效提升将释放较大的碳排放容量潜力

工业能效提升主要是考虑工业能源投入产出比例，比值越小，能效越高。一般而言，可以通过工业能效管理、产业集中度提升、工业流程变短、工业余热回收利用、废料回收循环利用等方式来降低能耗，从而实现对能源资源的节约。

当前，上海市工业等价综合能源消费量主要集中在五大高载能行业，占比79%。且能效水平远低于工业平均水平，如2020年，上海市五大高载能行业等价万元产值能耗为0.568吨标准煤/万元，远高于工业0.145吨标准煤/万元的平均水平。能效水平最低的为黑色金属冶炼和压延加工业，等价万元产值能耗达到了1.095吨标准煤/万元；其次是石油加工、炼焦和核燃料加工业，等价能耗为0.889吨标准煤/万元；然后是化学原料和化学制品制造业，等价能耗为0.477吨标准煤/万元。水的生产和供应业，化学纤维制造业，电力、热力的生产和供应业的等价能耗均高于工业平均水平。结合区域来看，奉贤区是全市能耗最高的区域,达到 0.095 吨标准煤/万元;其次是金山区和崇明区,分别为 0.089 吨标准煤/万元和 0.075 吨标准煤/万元。"十四五"时期,上海市工业碳减排的主要潜力在五大高载能行业和高耗能区域的减排(见表 4 – 5)。

表 4 – 5　　　　　规模以上工业企业分区主要能耗情况(2020)

地区	万元产值能耗 (吨标准煤/万元)	地区	万元产值能耗 (吨标准煤/万元)
浦东新区	0.039	闵行区	0.043
黄浦区	0.021	宝山区	0.049
徐汇区	0.022	嘉定区	0.040
长宁区	0.032	金山区	0.089
静安区	0.039	奉贤区	0.095
普陀区	0.042	松江区	0.033
虹口区	0.018	青浦区	0.050
杨浦区	0.021	崇明区	0.075

资料来源:《上海能源和环境统计年鉴2021》,下表同。

节能增效碳减排潜力主要体现在工业节能、工业能效管理、发展循环经济带来的能源消费总量降低。目前,上海的钢铁、化工等传统工业的能耗水平仍较高,仍存在较大的发展潜力。如 2020 年,全国吨钢综合能耗为 551 千克标准煤,重点统计钢企吨钢综合能耗为 545.27 千克标准煤,而上海市吨钢综合能耗为 589.09 千克标准煤,远高于钢协会会员单位平均水平,还有一定的节能技术推广、能效提高的空间。如余热回收(TRT 等技术)、高级干熄焦技术(CDQ)等。其中,钢铁头部企业宝钢股份四基地单位产品综合能耗为 573 千克标准煤/吨粗钢,也远高于全国及重点钢企能耗水平(见表 4 – 6)。

表4-6　　2020年中国钢协会会员单位吨钢能耗与上海市对比情况

单位：千克标准煤/吨

		综合	烧结	球团	焦化	炼铁	转炉	电炉	钢加工	电耗，千瓦时/吨	耗新水，立方米/吨
全国	平均	545.27	48.08	24.35	102.38	385.17	-15.36	55.92	54.75	456.92	2.45
	最低		37.69	15.49	75.54	322.24	-33.78	12.04	29.13	206.46	0.93
	最高		58	33.52	153.51	429.5	10.09	108.91	108.86	794.09	6.39
上海		589.09				373.10	-8.29	82.49	66.59	746.30	3.76

同时，在一些高耗能行业，上海市的能效水平离国家标杆水平还有一定的距离，潜力较大（见表4-7）。

表4-7　　高耗能行业重点领域能效标杆水平和基准水平（2021年版）

行业	重点领域	指标名称	指标单位	标杆水平	基准水平
原油加工及石油制品制造	炼油	单位能量因数综合能耗	千克标准油/吨	7.5	8.5
炼焦	顶装焦炉	单位产品能耗	千克标准煤/吨	110	135
	捣固焦炉			110	140
烧碱	离子膜法液碱（质量分数，下同）≥30%	单位产品综合能耗	千克标准煤/吨	315	350
	离子膜法液碱≥45%			420	470
	离子膜法液碱≥98%			620	685
乙烯	石脑烃类	单位产品能耗	千克标准油/吨	590	640
水泥制造	水泥熟料	单位产品综合能耗	千克标准煤/吨	100	117

续表

行业	重点领域		指标名称	指标单位	标杆水平	基准水平
炼铁	高炉工序		单位产品能耗	千克标准煤/吨	361	435
炼钢	转炉工序		单位产品能耗	千克标准煤/吨	−30	−10
	电弧炉冶炼	30吨＜公称容量＜50吨	单位产品能耗	千克标准煤/吨	67	86
		公称容量≥50吨			61	72

钢铁工业长流程的总余热量约占吨钢总能耗的1/3，目前还有约50%的余热没有回收利用。扣除副产煤气的能量，钢铁企业的二次能源占企业总用能的15%左右。我国大型钢铁企业余热利用率约为30%—50%，而国外先进钢铁企业余热余能的回收利用率平均达80%，有的在90%以上，如日本新日铁高达92%。宝钢余热利用达到77%，通过提高余热自发电率，对于挖掘上海钢铁行业的碳减排潜力具有重要意义。

再生资源的回收利用可以有效减少初次生产过程中的碳排放。研究表明，高耗能行业（钢铁、水泥、铝和塑料）的产品再生，废弃物（秸秆、林业废弃物、生活垃圾）的资源化能源化利用以及动力电池回收利用三大领域的潜力最大。根据中国废钢铁应用协会数据整理，每利用1吨废钢铁，平价可替代1吨多炼钢生铁，节约能源60%，可节约0.4吨焦炭或者1吨左右原煤，废钢铁回收利用温室气体减排效果率为二氧化碳0.15当量/吨废生铁。已有研究表明，以废钢为源头的电炉流程与以铁矿石为源头的高炉—转炉流程相比，每吨钢可节约铁矿石113吨，降低能耗350千克标准煤，减排二氧化碳1.3吨，减排废渣600千克。2020年，宝钢股份四基地利用废钢598万吨，占原料消耗比例为 6.19%，电炉炼钢占炼钢量不足 5%。通过提高废钢利用占比和电炉炼钢比，能够有效减少钢铁行业的碳排放规模，为上海市释放一定规模的碳排放容量。

（3）工业用能结构调整的碳减排潜力较大：提高工业电气化水平和清洁能源消费比例是主要潜力

工业用能结构调整主要是考虑工业能源消费的能源品种比例，一般而言，煤基能源、石油基能源、热力和电力为主要用能能源。从不同能源品种的碳排放强度来看，煤炭的碳排放强度最大，石油相比煤炭有所降低，天然气更低，新能源的碳排放强度最小。通过化石能源内部更低碳排放强度能源对更高碳排放强度能源的替代，或非化石能源对化石能源的替代，或电力对化石能源的替代均能实现减排。

按照发电煤耗计算法，2020 年上海市能源消费总量为 11099.59 万吨标准煤，其中，煤品比重 28.07%，油品比重 41.33%，天然气比重 10.94%，净调入电及其他能发电比重为 18.68%，其他能源比重为 0.99%。从工业企业终端能源消费情况来看，石油基能源已经成为最大的消费品种，达到 1003.32 万吨标准煤，煤基能源已降到 422.24 万吨标准煤，天然气消费 22.16 亿立方米，热力消费为 9449.54 万吉焦，电力消费为 707.17 亿千瓦时。从区域来看，浦东新区是综合能源消费量最大的地区，也是电力消费量最大的地区；奉贤区是天然气和油品消费量最大的地区；金山区是热力消费量最大的地区（见表 4 - 8）。

表 4 - 8　　　规模以上工业企业分区能源消费情况（2020 年）

地区	综合能源消费量（等价）（万吨标准煤）	天然气（亿立方米）	油品合计（万吨）	热力（万吉焦）	电力（亿千瓦时）
浦东新区	215.03	2.48	6.93	236.71	60.71
黄浦区	0.50	0.01	0.03		0.12

续表

地区	综合能源消费量（等价）（万吨标准煤）	天然气（亿立方米）	油品合计（万吨）	热力（万吉焦）	电力（亿千瓦时）
徐汇区	12.66	0.06	0.15		4.01
长宁区	3.23	0.04	0.35		0.75
静安区	1.54	0.01	0.15		0.43
普陀区	4.20	0.03	0.08		1.28
虹口区	0.91	0.01	0.03		0.27
杨浦区	1.40		0.10		0.44
闵行区	99.84	3.14	1.44	157.87	29.21
宝山区	33.56	0.39	3.01	34.78	7.97
嘉定区	110.80	1.24	7.46		30.86
金山区	120.40	3.21	8.63	479.10	26.36
奉贤区	167.73	5.06	53.31	139.77	25.76
松江区	136.21	1.04	5.11	5.81	39.28
青浦区	75.87	1.27	1.72	137.90	21.18
崇明区	13.16	0.03	1.08		3.81

资料来源：《上海能源和环境统计年鉴2021》。

从细分行业来看，电力、热力的生产和供应业是消费煤基能源最多的行业，其次是黑色金属冶炼和压延加工业；石油加工、炼焦和核燃料加工业是消费石油基能源最多的行业，其次是化学原料和化学制品制造业；电力、热力的生产和供应业是消费天然气最多的行业，其次是化学原料和化学制品制造业；石油加工、炼焦和核燃料加工业是消费热力最多的行业，其次是化学原料和化学制品制造业；黑色金属冶炼和压延加工业是消费电力最多的行业，其次是化学原料和化学制品制造业（见表4-9）。

表4-9 上海市高耗能行业能源消费结构

	煤合计（万吨）	原煤（万吨）	焦炭（万吨）	油品合计（万吨）	天然气（亿立方米）	热力（万吉焦）	电力（亿千瓦时）
总计	430.97	430.97	623.90	3141.79	50.43	9612.32	1513.67
工业	422.24	422.24	623.90	1003.32	22.16	9449.54	707.17
制造业	413.39	413.39	623.90	1002.77	21.31	9227.37	621.27
石油加工、炼焦和核燃料加工业	0.27	0.27		445.80	3.15	3557.29	46.42
化学原料和化学制品制造业	211.93	211.93		485.14	6.17	4011.62	105.00
黑色金属冶炼和压延加工业	201.19	201.19	623.90	26.37	2.67	51.33	148.69
电力、热力的生产和供应业	8.85	8.85		0.37	0.02	172.17	61.00

资料来源：《上海能源和环境统计年鉴2021》，下表同。

因此，在保障产业发展安全和能源供应充足的情况下，可选的碳减排方法为优化用能及流程结构，包括原燃料结构优化、鼓励短流程电炉钢发展，提高新能源及可再生能源利用。如目前的钢铁工业是以高炉—转炉生产流程为主的生产模式。以长流程炼钢的吨钢碳排放量为2.0吨，而短流程电炉钢每吨排放二氧化碳仅0.6吨，提高电炉炼钢比例是降低行业吨钢碳排放的有效手段。钢铁工业能源结构高碳化，煤、焦炭占能源投入近90%。目前推广短流程炼钢还存在成本高、废钢质量和供给不稳定等诸多阻力，通过提高球团、废钢比例等，优化长流程炼钢原料结构，提高清洁能源比例成了当前缓解钢铁企业减排压力，促进降碳减排的关键。如宝钢股份已建成光伏发电电量达到97兆瓦的世界最大屋顶光伏发电项目，年约发电8000万千瓦时，二氧化硫减排1956吨、二氧化碳减排6.5万吨。2020年，四基地外购清洁能源电量1150000兆瓦时。"十四五"时期，上海市工业用能结构调整可通过提高工业电气化水平和清洁能源消费比例来实现碳减排，具有较大的潜力。

（4）工业低碳技术应用的潜力需加强挖掘：主要潜力在流程或工艺低碳技术

工业低碳技术应用主要是通过应用减碳、无碳和去碳技术来实现碳减排，主要包括能源生产低碳技术，如煤炭的清洁高效利用、风光等可再生能源技术，流程或工艺低碳技术，以及碳捕集利用技术，如CCUS等。如应用突破性低碳技术，包括电解还原、氧气高炉和非高炉冶炼等，以及通过以再生能源为基础的技术创新，实现冶炼过程中的完全零排放。国内外已经开展了大量关于氢冶金、电解还原等绿色低碳技术的探索。包括日本COURSE50、德国"以氢代煤"、韩国COOLSTAR、奥钢联H2FUTURE；欧盟ULCOS、瑞典HYBRIT、德国SALCOS及MIDREX H2等。宝武集团与中核集团、清华大学签订了有关合作框架协议，积极探索绿色冶金工艺。

钢铁行业的电气化路径主要是从高炉转向电炉，电炉及其设备、耗材仍具有较好的投资机会。根据钢协数据，2019年中国钢铁行业90%以上的产能采用高炉（BOF）技术，而电炉技术（EAF）仅占生产总量的9%。特别是以废钢为原料的短流程炼钢技术，碳排放量仅0.4吨二氧化碳/吨钢，若使用绿色电力为电炉供能，则碳排放量可降为0。目前，先进的钢铁减排技术大多是依赖进口，如焦化工序的CDQ和CMC技术分别来自乌克兰和日本，烧结工序的烧结余热发电技术来自日本，高炉工序的 TRT 技术来自日本和乌克兰，转炉工序的干法除尘和 OG 技术分别来自德国和日本，流程工序的 CCPP 技术来自日本和美国，且市场普及率不高，因此，通过工序或流程低碳技术减排需要先攻克这些技术，具有一定的技术门槛（见表 4 - 10）。

表 4 - 10　　　　　　　钢铁行业重点减排技术特征

工序	节能技术	单位节能量（吉焦/吨）	单位二氧化碳减排量（千克/吨）	当前市场普及率（%）
焦化	煤调湿（CMC）	0.06	1.47	9
烧结	烧结余热回收利用技术	0.35	14.77	20
高炉炼铁	高炉炉顶煤气干式余压发电（TRT）	0.12	22.66	8
	热风炉烟气双预热技术	0.25	1.30	5
	高炉渣综合利用技术	0.18	0.19	1
	高炉喷吹焦炉煤气技术	0.39	0	0
	高炉喷吹废塑料技术	0.10	0.32	3
转炉炼钢	转炉烟气高效利用技术	0.09	2.89	15
	转炉渣显热回收技术	0.06	0.69	5
电炉炼钢	废钢预热技术	0.02	0.47	10
	电炉优化供电技术	0.01	2.31	15
	电炉烟气余热回收技术	0.06	0.77	10

续表

工序	节能技术	单位节能量（吉焦/吨）	单位二氧化碳减排量（千克/吨）	当前市场普及率（%）
精炼和连铸	钢包高效预热技术	0.02	0.08	15
热轧	带钢集成连铸连轧技术	0.28	6.99	20
	冷却水余热回收技术	0.04	0.59	20
冷轧	在线热处理技术	0.11	16.83	55
	自动监控和识别系统	0.20	13.22	55
综合性技术	燃气—蒸汽联合循环发电（CCPP）	0.51	8.19	15

在能源生产低碳技术方面，上海市可以挖掘屋顶光伏发电和海上风电项目，替代一定比例的工业化石能源消费。在碳捕集利用技术方面，目前还没有进入商业化运用阶段，成本较高，未来预期会发挥一定的作用。

（5）碳排放交易潜力待挖掘：主要取决于碳排放交易体系建设

全国碳排放交易（ETS）市场目前包括碳排放配额（CEA）和国家核证自愿减排量（CCER）两种。主流的交易方式主要是"Cap and Trend"方式，即预先设定可排放量上限额度（Cap），然后根据限额，额度不足和额度剩余的交易参与者通过协议和竞拍的方式实现交易。2021年7月16日，全国ETS市场正式启动，已有2162家火电企业被列为重点排放企业强制纳入全国ETS交易体系。让更多的工业企业加入ETS交易体系，能有效促进碳减排目标实现。但由于碳排放交易系统还处于试点运行阶段，企业自愿加入的激励机制还不健全，短期难以在区域间、全国范围内统筹碳排放容量，具体的碳减排潜力取决于地方政府的政策力度。

（6）碳汇潜力较小：主要潜力在崇明岛

碳汇，是指通过植树造林、植被恢复等措施，吸收大气中的二氧化碳，从而减少温室气体在大气中浓度的过程。生态碳汇在传统碳汇的基础上，增加了草原、湿地、海洋等多个生态系统对碳吸收的作用。陆地绿色植物通过光合作用固定二氧化碳的过程，被称为"绿碳"。森林、河湖湿地、草原、农田等都属于"绿碳"范畴。作为陆地生态系统的主体，森林年均固碳量可抵消同期化石燃料碳排放的11%。目前，我国森林蓄积175.6亿立方米，森林植被总碳储量91.86亿吨。相对于陆地上的"绿碳"，利用海洋活动及海洋生物吸收大气中的二氧化碳，并将其固定、储存在海洋的过程被称为"蓝碳"。红树林、海草床和滨海盐沼组成了"三大滨海蓝碳生态系统"。据统计，滨海湿地吸收二氧化碳的速率是陆地生态系统的10—100倍。目前，上海市绿地面积为157785公顷，湿地面积为3197.14千米。在土地资源有限和湿地资源得到严格保护的情况下，上海市碳汇增长的空间有限。可选的方法是：加大城市屋顶绿化建设，以崇明岛为特色加大湿地碳汇建设，与其他地区统筹共建绿地与碳排放。

（三）"双碳"目标下上海工业部门
碳减排的路径

综合上文的分析，在"双碳"目标下，上海市仍要保持一定比例的工业，遵循工业化发展规律对工业产业结构进行调整，在传统工业方面，在钢铁、化工、汽车制造业等具有技术和产业链集成配套优势的产业上持续保持其优势，不断推进产业绿色低碳转型，向创新密集型转变，通过能效管理、能源结构调整、绿色低碳技术应用、循环经济发展、碳排放配额交易等方式实现碳减排；在一些对经济发展和产业升级贡献较小的传统工业上，应加快促进产业转移或淘汰。在新兴工业方面，综合考虑全球、全国和长三角地区三个层次的产业发展与产业链布局情况，按照对产业体系升级贡献程度顺序有选择性地在上海合理布局，如芯片、化工新材料、人工智能等，对存量进行绿色低碳改造减排，对增量按照最新的排放标准控制碳排放。

1. 促进工业结构绿色低碳化转型升级，提升工业体系的整体集成配套能力

一是淘汰钢铁、化工等高载能行业在低端产品上的过剩或低效产能，向高端产品生产转型，如特种钢、高端钢、高端精细化工品等；二是布局新材料、生物医药、人工智能、新能源汽车等新兴产业，促使工业逐渐向全球价值链中高端攀升；三是梳理传统工业与新兴工业的产业链体系，对于完善上海工业产业链体系意义不大的产业，应优先淘汰或转移。对于完善上海工业产业链体系意义重要的产业，应加快布局，统筹传统工业与新兴工业之间的协调性，不断提升工业产业体系的整体集成配套能力。

2. 大力推进全工业领域节能增效改造，持续降低工业能耗，提升工业能效

一是通过资本重组提升产业集中度，进行专业化分工提升效率、降低能耗，实现减排，如宝武进行了专业化的资本联合重组，在体系内进行内部的生产线和基地的专业化分工，从而极致地提高生产效率，减少消耗，进而整个单位产品的排放总量下降了；二是通过智能化方式提升工业能效管理效率，从而实现资源能源节约利用，如宝武以数智化系统打破时空边界、跨越管理边界、推动工序互联共享，实现资源能源高效利用；三是通过缩短工业流程减少过程中的碳排放，如使用短流程炼钢；四是以循环经济方式加强工业余热和工业废料及副产资源的再生利用，如提高转炉废钢比、推进钢铁副产资源的再生利用、工业余热直送等，提高流程热效率和化学能利用，减少自然资源消耗，进而减少碳排放。

3. 多管齐下提升清洁低碳能源消费占比

一是充分利用本地资源，促使工业企业发展屋顶光伏、海上风电等新能源生产项目，实施一定比例的能源替代；二是与"三北"地区达成战略性合作，外购可再生能源电力，提升工业清洁低碳能源消费比例。

4. 瞄准关键领域和重点环节加快低碳技术攻坚及应用

有重点有针对性地开展低碳技术攻坚研究，积极对标国家技术标准，如钢铁等高耗能行业需要对标《高耗能行业重点领域能效标杆水平和基准水平（2021 年版）》进行技术攻坚及推广应用，主要在短流程炼钢上加强技术攻坚，并分工序进行焦化、预热、副产品和预热回收等技术攻坚及应用；化工行业需要对标《石化化工行业鼓励推广应用的技术和产品目录（第一批）》进行技术研发和推广，主要聚焦于高端精细化工产品技术。

5. 率先推进工业企业整体进入碳排放交易体系，统筹碳排放容量

目前，上海的火电企业主要为上海电力股份有限公司、华能国际电力股份有限公司上海分公司、申能（集团）有限公司，已经加入全国 ETS 交易体系。为了更好地统筹全国产业链布局调整与碳减排，可选的方法为：首先，推动等价综合能源消费量超过 100 万吨标准煤的企业加入全国 ETS 交易体系，包括上海电力股份有限公司、中国石化上海高桥石油化工有限公司、中国石化上海石油化工股份有限公司、上海化学工业区发展有限公司、上海华谊（集团）公司、中国宝武钢铁集团有限公司、上海汽车集团股份有限公司；其次，引导全部高载能行业全部加入 ETS 交易体系；再次，推进上海市全部工业企业整体进入碳排放交易体系，继而统筹长三角地区企业全部进入碳排放交易体系，协调工业碳排放容量；最后，通过全国碳排放交易体系统筹行业碳减排排放容量。

五 上海城市交通碳减排潜力
及实现路径分析

（一）上海城市交通结构现状

1. 上海城市交通出行结构

经过多年集中、持续和高强度建设，上海城市交通基础设施的总量、规模均达到世界一流城市水平。《2019年上海市综合交通运行年报》显示，2019年上海常住人口为2428.14万人，受流动与流量人口出行量增长的拉动，全市人员工作日均出行总量持续增加，约为5710万人次，同比增长0.44%；中心城区工作日的日均出行量达到3274万人次/日，同比增长0.2%。从私人交通来看，2019年上海市注册机动车数量相比2018年增长5.3%，达到443.8万辆。其中，私人机动车注册量339.90万辆，同比增长12.5%；注册机动车千人拥有率为182.8辆，同比增长4.9%。上海市机动车保有量仍处于快速增长阶段，但私家车出行强度逐年下降，2019年日均出行距离下降到26公里/车。从上海市公共交通部门来看，截至2019年末，上海公共交通客运量完成60.12亿人次，公共交通日均客运量约1647万人次，较上年增长2.7%。

根据图5-1，从上海城市交通出行结构来看，2004—2019年，上海城市公共交通（地面公交、轨道交通）出行比例由25.1%提升至33.1%，城市交通公共出行比例进一步扩大，其中，轨道交通（含磁悬浮）日均客运量1064.2万乘次，占公共交通客运总量的比重进一步提升，达到54%；公共汽（电）车日均客运量571.2万乘次，下降至29%；出租车方式（含巡游出租车、网约出租车）由2004年的9.2%下降至2019年的6.4%；步行方式由2004年的28.9%下降至24.0%；小客车（私人汽车）出行的比例进一步提升，由2004年的14.1%提升至2019年的20.5%。

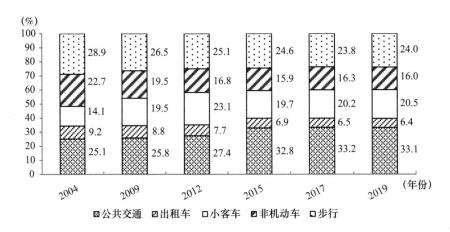

图5-1 2004—2019年上海城市交通出行结构示意图

资料来源：根据《上海市综合交通运行年报》（2004—2019年）整理。

2. 上海城市交通能源消耗结构

根据《上海统计年鉴》（2002—2020年），上海城市交通行业主要消耗的能源种类可以分为汽油、柴油、电力3类。以汽油、柴油为主的化石能源占比高达90%以上，是推动能源实物消耗总量增长的主要因素（见图5-2）。其中，汽油和柴油实物消耗量在研究期间整体呈现上升趋势。汽油消耗量由2001年的14.85万吨增长到2019年的63.5万吨，年均增长率为8.41%；柴油消耗量由2001年的75.9万吨增长到2019年的205.93万吨，年均增长率为5.7%。究其原因，汽油、柴油的消耗以出租车、私人汽车为主，上海市本地汽车数量逐年稳步增长，2019 年年底已接近 443 万辆，汽车的急剧增长带动汽油和柴油实物消耗量的上涨。值得注意的是，汽油实物消耗量在 2001—2016 年呈不断增长趋势，在 2016 年达到最大值 138.63 万吨；而在 2017 年后呈下降趋势。这一现象表明了在新能源汽车的推广普及下，汽油的消耗量有了一定程度的下降，城市交通能耗增幅放缓，公交、道路运输等领域能耗趋于稳定。上海城市交通电力消耗由 2001 年的 8.95 亿千瓦时提升至 2019 年的 57 亿千瓦时，年均增长率为 13.72%；上海城市交通电力消耗年均增长率较高，主要的原因在于上海公共交通（轨道交通、公交车）的快速发展带来了电力消耗的进一步增长。

从上海城市交通能源消耗的结构来看，以私人小汽车和出租车为主的小客车出行是上海城市交通汽油、柴油消耗的主要来源之一，也是城市交通碳排放的第一大来源。上海市的公共交通的规模和质量都得到长足发展，公共交通以轨道交通为主，轨道交通是以电力为主要消耗能源，可以有效缓解上海城市交通碳排放量的增长。

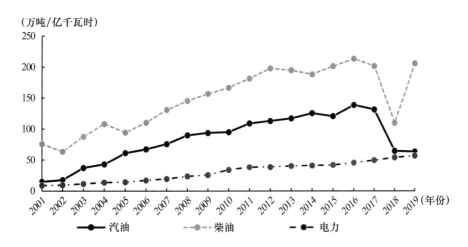

图 5-2　2001—2019 年上海城市交通能源消耗量

资料来源：根据《上海统计年鉴》（2002—2020 年）整理。

（二）上海城市交通碳排放现状

通过 IPCC（2006）碳排放核算公式，分析上海城市交通碳排放总量、城市交通碳排放占碳排放总量的比重、人均碳排放量、交通碳排放强度等，全面刻画上海城市交通碳排放的现实状况。

1. 上海城市交通碳排放核算方法

关于城市交通碳排放的研究对象，主要包括轨道交通、公共汽车、出租汽车等公共交通工具和以小客车为主体的私人交通工具。基于碳达峰、碳中和的总体发展要求，碳排放测算口径为交通运行阶段化石能源消耗产生的碳排放量以及电力消耗产生的碳排放量（包含转移到电力发电侧的间接排放）。根据不同交通方式的能源消耗特征，依据 IPCC（2006）能源活动碳排放测算方法进行碳排放测算。囿于数据可得性，公共交通碳排放基于能耗统计数据直接测算；私人交通能耗统计渠道不健全，以燃油汽车和电动汽车的活动量为基础进行测算。公式如下：

$$C_{Tra} = \sum_{j=1}^{m} \left(E_j \times NCV_j \times CC_j \times COF_j \times \frac{44}{12} \right) \qquad (5-1)$$

其中，C_{Tra} 为城市交通碳排放总量，j 表示第 j 种能源种类，根据 IPCC 的能源划分选取了三种能源种类，分别为汽油、柴油、电力；E_j 表示第 j 种能源的消费量；NCV_j 表示第 j 种能源的低位发热量，数据来源于《IPCC 国家温室气体清单指南》；CC_j 表示第 j 种能源的碳含量，数据来源于《IPCC 国家温室气体清单指南》；COF_j 表示第 j 种能源的碳氧化因子，根据《IPCC 指南》通常该值取 100%，表示完全氧化；44/12 表示二氧化碳与碳的分子量之比，即碳转化成二氧化碳的转化系数。

2. 上海城市交通碳排放总量

上海城市交通碳排放总量的测算结果如图 5-3 所示。

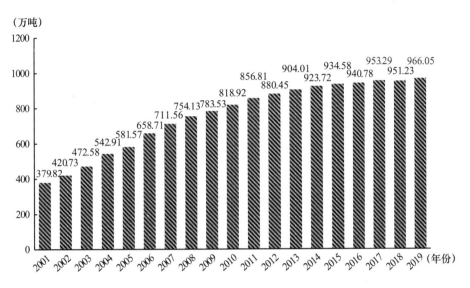

图 5 - 3 2001—2019 年上海城市交通碳排放总量变化

资料来源：根据测算结果整理。

2001—2019 年，上海城市交通碳排放总量总体呈现快速上升趋势，由 379.82 万吨增长至 966.05 万吨，年均增长率为 5.32%。上海城市交通碳排放量占全市碳排放总量的比重由 2001 年的 2.6% 增长至 2019 年的 6.3%。具体而言，2001—2014 年，上海城市交通碳排放总量快速增长，2015 年后逐渐趋于平缓。究其原因，随着上海市轨道交通的快速发展，进一步增加了客运量，加大了轨道交通的用电需求。交通是连接城市的重要纽带，也是为城市发展运送人流、物流的重要通道，对生产要素的流动、居民生活质量的提高有着至关重要的作用。上海作为国际金融中心、交易运输中心和人才聚集地的定位，大量的人流和物流都加剧了上海城市交通负荷。从交通出行方式看，随着居民生活水平提高，私人交通工具需求的不断增长，使得民用交通碳排放总量不断增长，尤其是私人汽车与出租车规模的扩张，增加了燃油、汽油等能源消耗，进而加剧了城市交通碳排放。从城市结构看，随着新型城镇化的深度推进，人口不断向上海集聚，导致城市蔓延发展，暴露出城市空间距离不断增大，城市开发方式造成土地利用的单一化，通勤距离及时间相应增加等一系列问题，导致交通需求量大幅增长。城市轨道交通作为城市公共交通的主干线，客流运送的大动脉，是城市的生命线工程，城市居民的出行、工作、购物和生活都与其紧密相连，然而当前过分依赖环内换乘大站、环内线路重复度高，外围地区换乘点少，无法满足居民日益增长的出行需求。

3. 上海城市交通人均碳排放量

基于交通碳排放总量和常住人口数量的增长，通过 $CP = C_{Tra}/P$ 公式可以进一步得到交通人均碳排放量。式中 CP 为交通人均碳排放量，C_{Tra} 为交通碳排放总量，P 为常住人口数量。根据交通碳排放总量和常住人口数据测算得出人均碳排放量，并绘制出交通碳排放总量和人均碳排放量变化趋势，如图 5-4 所示。

2001—2019 年，上海城市交通人均碳排放量与城市交通碳排放总量均高速增长。其中，城市交通碳排放总量由 2001 年的 379.82 万吨增长至 2019 年的 966.05 万吨，城市交通人均碳排放量由 227.71 千克/人增长至 397.88 千克/人，年均增长率为 3.15%。上海是我国的经济中心，2001—2008 年上海市经济以粗放式增长为主，追求 GDP 增长而忽视经济与环境的协调，这一时期城市交通人均碳排放量与城市交通碳排放总量均快速上涨。2008—2015 年上海城市交通碳排放总量呈波动式增长趋势，城市交通人均碳排放量呈横向波动趋势。究其原因，2008 年正值国际金融危机，上海市对外经济贸易受到影响，GDP 增长趋势有所放缓，经济活动有所下降，加之上海世博会期间为治理环境污染又先后采取大量环境治理措施，城市交通碳排放总量的快速增长趋势得以遏制。

4. 上海城市交通碳排放强度

碳排放强度指单位国民生产总值增长所带来的碳排放量。碳排放强度越低，表明单位国民生产总值增长带来的碳排放量

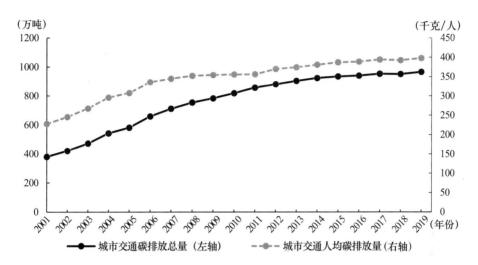

图 5-4　2001—2019 年上海城市交通碳排放总量与城市交通人均碳排放量变化
资料来源：根据测算结果整理。

越低，经济发展和碳排放量协调性越高。城市交通碳排放强度是城市交通碳排放总量与交通运输行业总产值的比重，由公式 $C_G = C_{Tra}/G_{Tra}$ 测算出城市交通碳排放强度，式中 C_G 表示城市交通碳排放强度，C_{Tra} 表示城市交通碳排放总量，G_{Tra} 表示交通运输行业总产值。测算得出结果并绘制上海城市交通碳排放强度折线图，如图 5-5 所示。

城市交通碳排放强度是表示经济发展与碳排放协调程度的指标，城市交通碳排放强度越低，表明城市交通运输行业发展越低碳化。在不影响经济发展速度的前提下，可以通过降低交通碳排放总量增长速度来控制城市交通碳排放强度。由图 5-5 可知，2001—2019 年，城市交通碳排放总量和交通运输行业生产总值呈稳步上升趋势，城市交通碳排放强度呈波动式下降趋势。城市交通碳排放总量由 2001 年的 379.82 万吨增长至 2019 年的 966.05 万吨，年均增长率为 5.32%。不同于城市交通碳排放总量的稳步上升趋势，城市交通碳排放强度经历 2001—2003 年持续上升期、2004—2005 年大幅下降期、2006—2009 年波动

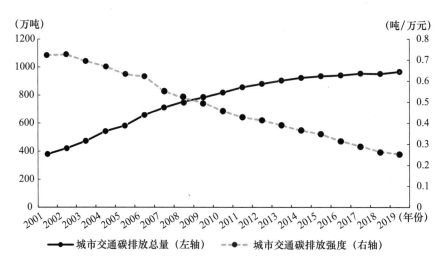

图 5 - 5   2001—2019 年上海城市交通碳排放强度变化

资料来源：根据测算结果整理。

上升期, 2009 年后逐年下降, 2019 年达到最低值 0.58 吨/万元。

究其原因, 2001—2008 年, 伴随着中国加入 WTO 和改革开放的深入推进, 上海市经济发展迅速, 城市交通碳排放总量和交通运输行业生产总值均呈增长状态, 城市交通碳排放总量增长速度高于交通运输行业生产总值的增长速度, 城市交通碳排放强度呈增长状态。2009—2019 年, 伴随着上海世博会的举办和国内环保意识的提高, 上海市出台环保政策和法规以约束交通碳排放的无序增长。2009 年后, 伴随着交通运输行业生产总值继续稳步增长, 城市交通碳排放总量增长速度, 城市交通碳排放强度持续下降, 并于 2019 年末碳排放强度达到最低值 0.58 吨/万元。

（三）上海城市交通碳减排存在的问题

与工业、建筑等其他领域相比, 交通运输领域移动性强、排放主体多元、交通行为复杂, 交通行业的碳排放占比不断增加, "双碳"目标下交通领域的碳减排工作已成为关注重点, 交通运输业面临的碳减排形势严峻，与东京、伦敦、纽约、巴黎、芝加哥等其他国际大都市相比，上海城市交通碳减排还存在较大改进空间。

1. 城市交通出行结构有待调整

以轨道交通为主的公共交通体系被认为是减少城市交通碳排放的有效手段。东京、伦敦、纽约、巴黎等城市的交通碳排放水平之所以维持在较低水平，一个重要原因就是建立了较为完善的以轨道交通为主体的公共交通体系。《2021 年上海市综合交通发展年度报告》显示，上海公共交通占比 30.1%，公共交通日均客运量 1157.1 万乘次/日，同比下降 29.6%、轨道交通日均客运量 775 万乘次/日，同比下降 27.2%、公共汽（电）车日均客运量 373 万乘次/日，同比下降 34.7%，均呈下降趋势。相对而言，上海市私人汽车出行占比持续维持在较高水平，2020 年上海市机动车注册量达 469.1 万辆，同比上升 5.7%，汽车保有量达 448.7 万辆，同比增长 6.2%。小汽车在居民出行中占比 22.9%，并呈逐年增加态势。究其原因，随着居民收入水平的提高，城市规模扩大引起出行距离的增加，市民对私家车的需求强劲，加之城市"以车为本"的道路规划，以及相对较低的购车门槛和车辆使用成本，造成上海私家车出行比重持续处于较高的水平，从而导致较高的城市交通碳排放量。

2. 城市交通能源结构有待优化

汽车保有量的急剧增长带动汽油和柴油消耗量上涨，汽油、柴油能源的消耗以出租车、私人汽车为主，在不同交通方式的能源消耗及碳排放方面，小汽车是每公里人均耗能最多的交通工具，也是每公里人均碳排放量最多的交通工具。根据《上海统计年鉴》（2002—2020 年），上海城市交通行业以汽油、柴油为主的化石能源占比高达 90% 以上。

新能源汽车占比有待提高，新能源汽车可以分为普通混合动力汽车、纯电动汽车、插电式混合动力汽车以及增程式电动汽车四类，其中普通混合动力汽车不属于我国所推广的新能源汽车。由于金属锂、钴等主要动力电池资源缺乏，资源的稳定供应和价格稳定的挑战较大，上海在锂电池等动力电池技术上存在的技术弱势，导致新能源汽车成本仍然居高不下。企业创新内生动力不足，新能源汽车的电机和电控技术较国际一流水平还存在较大差距，核心技术缺失严重制约上海新能源汽车发展，无法紧跟消费者需求。新能源汽车的售后服务不足，突出表现为维修成本较为高昂，售后体系较不完善。新能源汽车充电桩存在总量不足、布局不合理、接口不统一、利用率不高、安全性低等问题，充电难成为新能源汽车可持续发展的障碍。

3. 城市交通治理能力有待增强

城市交通整体系统规划不足，小尺度细格网的街区、密集灵活的路网是实现低碳交通的重要因素，然而上海城市路网能级结构和道路网络结构设计不够合理，交通支点或节点建设不够完善，交通资源供给与交通资源需求的对接不够紧密。根据2018 年度《中国主要城市道路网密度监测报告》中选取的 36 座城市路网密度情况，上海城市路网密度仅为 7.1 千米/平方千米，上海新城路网密度平均为 4.2 千米/平方千米，仅为中心城区的 80%，公交线网密度为 2 千米/平方千米，仅为中心城区的60%。综观其他国际大城市，路网密度普遍大于 15 千米/平方千米，东京为 18.4 千米/平方千米、芝加哥为 18.6 千米/平方千米、横滨为 19.2 千米/平方千米，上海距离国际其他大都市路网密度差距较为明显。同时，交通拥堵成为城市发展的常态问题，路网系统不完善导致早晚高峰交通拥堵严重，突出表现为时间主要集中在早晚上下班高峰时期，拥堵主要集中在城市道路的主动脉、重要交通干线的节点和交叉路口，通勤高峰全网拥挤断面长度达到 112 千米，并呈现由"点"状拥堵发展为"线"状拥堵甚至扩散为"面"状拥堵。黄浦区、徐汇区、长宁区、静安区等都市功能优化区彰显现代化国际大都市的繁荣繁华，服务经济发达，人口密度较高，因而聚集了大量的人流和车流，导致交通拥堵问题愈发严重。然而相关部门对交通拥堵的预测能力不足，处理交通拥堵问题缺乏主动性，对公共事务问题的处理缺乏科学性的应急机制。

4. 城市交通智能化水平有待提升

相对于国际其他特大城市，如纽约、伦敦等城市拥有完善的城市交通碳排放实时监测系统，上海监测系统的完善性不足，现有碳排放监测站点分布稀疏，监测尺度较为宏观且手段单一，难以支撑碳排放的实时掌握。交通数据在不同部门之间的传递存在障碍，各部门之间收集交通数据的来源、媒介、标准尚未统一，难以有效整合，例如，公安交通管理部门所掌握的交通流量、速度等断面数据与交通部门所掌握的运行车辆（出租车、公交车、长途客运车辆等）数据无法实现信息共享与交换，不利于其他部门为居民出行提供服务。交通智能化推进过程中往往存在重平台建设、轻服务管理的短板。现有的智能交通项目基本上都是信息采集、信息处理以及信息服务，尚未实现信息技术与城市各功能模块的深度融合，未能解决深层次的出行需求矛盾。

（四）上海城市交通碳减排潜力分析

预测 2020—2050 年上海城市交通碳排放量，并设置节能情景、交通结构优化情景、交通动力系统替换情景进行预测，将基准情景、节能情景、交通结构优化情景、交通动力系统替换情景进行对比分析。

1. 预测模型建立

采用 LEAP 模型预测 2020—2050 年上海城市交通碳排放量，

测算公交、出租车、轨道交通、私人汽车 4 种运输方式组成的城市客运碳排放量，表达式如下：

$$C_{Tra} = \sum_{k=b,t,s,p} CZ \times CS_k \times CI_k \qquad (5-2)$$

其中，C_{Tra} 表示城市交通碳排放总量，CZ 表示城市客运周转量；CS 表示城市客运运输结构，CI 表示城市客运碳排放因子。k 代表交通运输方式，b 为公交车、t 为出租车、s 为轨道交通，p 为私人汽车保有量。

2. 上海城市交通碳减排潜力情景设置

情景分析法是一种常用预测方法，通过一系列未来情景的设置，综合评估各类情景，从而使预测结果最大限度地接近未来，并根据预测分析结果采取措施调动积极因素、规避消极因素。情景分析法与传统预测方式最大的不同在于传统预测方法趋势预判结果单一，情景分析法可设置多种情景进行对比分析，结果更具说服力且对策更为全面有效。

（1）基准情景

基准情景即能源消耗沿目前趋势保持上涨，能源消耗趋势预测方法为时间序列预测法。对上海城市碳排放的基准情景进行预测，并与节能情景、交通结构优化情景、交通动力系统替换情景下上海城市交通碳排放总量进行对比，分析不同情景下上海城市交通碳减排潜力。

（2）节能情景

能源消耗是影响城市交通碳排放的重要因素。由前文上海城市交通能源消耗量现状分析可知，以汽油、柴油为主的化石能源消耗占比高达 90% 以上。《上海市生态环境保护"十四五"规划》指出，严格控制煤炭消费总量，提升重点领域节能降碳效率，促进能源消费结构优化调整。将上海城市交通节能情景中设置为在城市交通能源效率提升基础上，交通运输能源消耗量微幅下降，将汽油、柴油、电力 3 种能源 5 年年均下降率较基准情景下调1%。在降低能源消耗量1%的基础上，对2020—2050年上海城市交通碳排放总量进行预测。

（3）交通结构优化情景

城市交通政策的制定实施，在满足居民出行需求的同时，也必然会影响居民出行需求量及其对不同客运方式的选择，进而影响客运交通碳排放总量与结构。城市客运需求表征指标为客运量，范围包括公共汽电车客运量、轨道交通客运量、出租车客运量、私人汽车保有量。《上海市生态环境保护"十四五"规划》指出，打造公交优先、慢行友好的城市客运体系，进一步完善一体化公共交通体系，构建绿色高效交通运输体系。汽油、柴油能源的消耗以出租车和私人汽车为主，出租车和私人汽车每公里人均耗能、每公里人均碳排放量较多，公共汽电车和轨道交通每公里人均耗能、每公里人均碳排放量较少，因而提高公共汽电车客运量和轨道交通客运量比例，降低出租车客运量和私人汽车保有量比例，设置交通结构优化情景。采用《上海市综合交通运行年报》（2001—2020年）中公共汽电车客运量、轨道交通客运量、出租车客运量、私人汽车保有量数据，参考邵昀泓等（2003）、凌海兰等（2012）、杨琦等（2013）关于城市客运量预测模型方法，灰色模型（GM）可以克服城市客运量时间序列数据有限的问题，选用灰色模型方法对公共汽电车客运量、轨道交通客运量、出租车客运量、私人汽车保有量4个指标进行预测，采用LEAP模型预测上海城市交通结构优化情景碳排放总量。

（4）交通动力系统替换情景

上海城市交通绿色低碳发展需要从优化上海城市交通能源消耗结构出发，通过推广新能源汽车使用来替换交通动力系统，是实现节能降碳的有效方法。《上海市加快新能源汽车产业发展实施计划（2021—2025年）》指出，要加快建立绿色交通能源体系，到2025年，个人新增购置车辆中纯电动汽车占比超过50%，公交汽车、巡游出租车、党政机关公务车辆、中心城区载货汽车、邮政用车全面使用新能源汽车，国有企事业单位公务车辆、环卫车辆的新能源汽车占比超过 80%，网约出租车新能源汽车占比超过 50%。假设上述目标值均可以实现，将私人汽车保有量进一步细化为机动汽车保有量与新能源汽车保有量，预测交通动力替换情境下上海城市交通碳排放总量。

3. 上海城市交通碳减排潜力实证分析

（1）节能情景下城市交通碳排放总量预测

采用 2001—2019 年上海城市交通碳排放数据以及连续报告的 4 种能源消费时间序列数据，预测基准情景下上海城市交通碳排放量，经平稳性检验后，运用计量经济学方法的一元协整模型测算出能源消耗量相对碳排放弹性系数，汽油为 0.5974，柴油为 0.1645，电力为 3.5789。

采用 Stata15.1 对 2020—2050 年上海城市交通碳排放总量进行基准情景与减少能源使用 1% 的节能情景进行预测，并用折线图表示基准情景与节能情景下上海城市交通碳排放总量趋势，如图 5－6 所示。

根据图 5－6，2020—2031 年，上海城市交通碳排放总量基准情景呈不断增长趋势，碳排放量由 2020 年的 1022.4104 万吨增长至 2031 年的 1134.1609 万吨，在 2031 年达到峰值，年均增长率为 0.95%；2031—2050 年，基准情景碳排放量呈下降趋势，由 2031 年的 1134.1609 万吨下降至 2050 年的 625.0177 万吨，年均下降率为 3.09%。从节能情景预测看，2020—2029 年，碳排放量由 2020 年的 975.7162 万吨增长至 2029 年的 1062.4564 万吨，在 2029 年达到峰值，年均增长率为 0.95%；2029—2050 年，碳排放量由 1062.4564 万吨下降至 582.1022 万吨，年均下降率为 2.82%。

（2）交通结构优化情景下城市交通碳排放总量预测

居民长距离出行需求增加对公共交通发展规模和覆盖范围提出更高要求，现有城市公共交通系统的运行效率和服务能力无法满足更大空间范围上的城市发展需求。上海中心城区

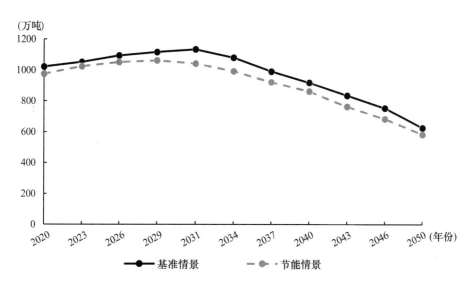

图 5 - 6　基准情景与节能情景下 2020—2050 年上海城市交通碳排放总量变化

资料来源：根据测算结果整理。

以及外围扩张形成的集中建设区域已经超过市区轨道交通可覆盖的 1 小时"门到门"服务范围，此外，上海更大空间范围内的同城化都市圈发展目标需要更有效的公共交通体系提供支撑。轨道交通作为上海中心城区通勤出行的主导方式，目前站点 600 米半径范围覆盖了 46% 的人口和 56% 的工作岗位，但是步行、自行车等短途接驳路网有待进一步完善。随着居民收入水平不断提高，经济成本在出行方式选择中发挥的作用越来越小，私家车出行比例持续上涨。2019 年按常住人口测算的上海市人均生产总值为 15.71 万元，即使已经采用了严格的机动车额度控制政策，2019 年上海全市机动车保有量达到 415.8 万辆，城市 90% 以上的石油能源被机动车出行所消耗，同时城市 70% 以上的碳排放由交通运输行业产生，交通用能过度和环境污染严重等问题日益凸显。总体来看，上海城市交通发展过度注重扩大基础设施建设规模，而忽视了交通资源有效配置和交通运行效率提高，未能体现城市交通高效运输模式优先的原则。

采用 GM 分析法与 LEAP 模型对 2020—2050 年上海城市交通碳排放总量进行基准情景与交通结构优化情景预测，得出预测结果并绘制上海城市交通基准情景与交通结构优化情景碳排放总量趋势折线图，如图 5 - 7 所示。

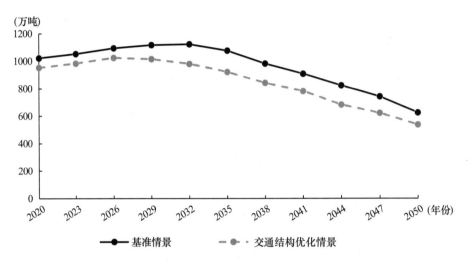

图 5 - 7　基准情景与交通结构优化情景下 2020—2050 年
上海城市交通碳排放总量变化

资料来源：根据测算结果整理。

根据图 5 - 7，2020—2029 年，上海城市交通碳排放量呈现不断上升趋势，由 2020 年的 953.4556 万吨上升至 2029 年的 1015.0564 万吨，在 2029 年达到峰值，年均增长率为 0.7%；2029—2050 年，整体呈下降趋势，由 2029 年的 1015.0564 万吨下降至 2050 年的 538.0834 万吨，年均下降率为 2.98%。相比基准情景，交通结构优化情景下，上海城市交通碳排放将提前两年达到峰值。

（3）交通动力系统替换情景下城市交通碳排放总量预测

上海大力倡导购买使用新能源汽车。2020 年，上海新能源汽车产量为 23.86 万辆，同比增长 90%，产值达到 663.64 亿元，同比增长70％。2020年上海新增推广新能源汽车12.1万辆，同比增长92％，累计推广新能源汽车42.4万辆，总规模位居全国第一、全球前列。新能源汽车大数据平台、动力电池溯源管理平台等重要公共平台服务能力持续提升，新能源汽车推广环境和配套设施不断完善，截至2020年年底，上海已建成37万个充电桩和9座加氢站，目前新能源汽车与充电桩的比例已达到1.1∶1，为持续扩大新能源汽车普及应用规模提供了有力支撑。下一步，上海将继续全力抢占新能源汽车产业发展高地。根据《上海市燃料电池汽车产业创新发展实施计划》，聚焦燃料电池汽车示范应用，大力开展燃料电池汽车示范应用，到2023年实现"百站、千亿、万辆"总体目标，超前布局加氢站建设，打造相对完善的加氢网络，规划加氢站100座并建成运行超30座，产出规模约1000亿元，推广新能源整车近10000辆；推动基础设施不断完善，加快充电桩智能化、共享化发展，整合优化充电设施布局建设，大幅提升新能源汽车充电便利性。

　　基于此，采用GM分析法与LEAP模型对2020—2050年上海城市交通碳排放总量进行基准情景与交通动力系统替换情景预测，得出预测结果并采用折线图表示上海城市交通基准情景与交通动力系统替换情景碳排放总量趋势，如图5-8所示。

　　由图5-8可知，交通动力系统替换情景下，2020—2028年，上海城市交通碳排放量呈现不断上升趋势，由2020年的934.0058万吨上升至2028年的1008.0987万吨，在2028年达到峰值，年均增长率为0.96％；2028—2050年，整体呈下降趋势，由2028年的1008.0987万吨下降至2050年的506.3957万吨，年均下降率为3.08％。相比基准情境，交通动力系统替换情景下，上海城市交通碳排放将提前三年达到峰值。

　　（4）四种情景对比分析

　　根据图5-9，以基准情景、节能情景、交通结构优化情景和交通动力系统替换情景，对2020—2050年上海城市交通碳排放量变化趋势进行预测。2020—2050年，基准情景整体呈

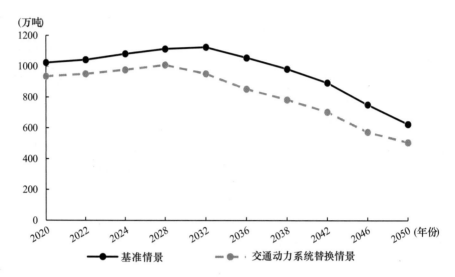

图 5 - 8 基准情景与交通动力系统替换情景下

2020—2050 年上海城市交通碳排放总量

资料来源：根据测算结果整理。

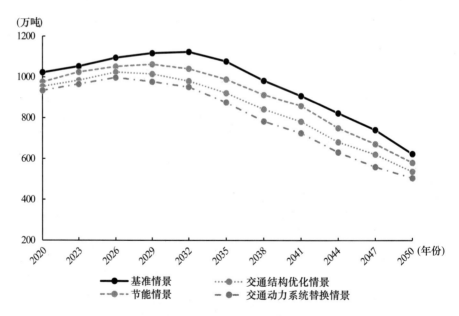

图 5 - 9 基准情景、节能情景、交通结构优化情景、交通动力

系统替换情景下 2020—2050 年上海城市交通碳排放总量

资料来源：根据测算结果整理。

现为先增长至 2031 年达到峰值，再不断下降的趋势，上海城市交通碳排放量由 2020 年的 1022.4104 万吨下降至 2050 年的 625.0177 万吨，年均下降率为 1.63%；节能情景下，上海城市交通碳排放量呈现为先不断上升至 2029 年达到峰值，而后不断下降趋势，由 2020 年的 975.7162 万吨下降至 2050 年的 582.1022 万吨，年均下降率为 1.71%；从交通结构优化情景看，上海城市交通碳排放量先增长，而后下降至 2050 年的 538.0834 万吨，年均下降率为 1.89%，于 2029 年达到峰值；交通动力系统替换情景下，碳排放量表现为先不断增长再持续下降趋势，于 2028 年达到峰值，由 2020 年的 934.0058 万吨下降至 2050 年的 506.3957 万吨，年均下降率为 2.02%。综上，交通动力系统替换情景下上海城市交通碳排放最早实现碳达峰，节能情景下、交通结构优化情景下均于 2029 年实现碳达峰。

（五）上海城市交通碳减排实现路径

为促进上海城市交通结构优化升级，构建以低碳、绿色、环保、高效、低耗、安全为特征的城市低碳交通发展模式，根据上海城市交通碳排放现状与各种情景下碳减排潜力预测，借鉴东京、伦敦、纽约、巴黎等其他国际大都市的城市交通碳减排的有益经验，提出以下对策建议。

1. 持续优化城市交通出行结构

公共汽车、地铁等公共交通工具单位里程碳排放远低于小汽车，根据交通结构优化情景下城市交通碳排放相比基准情景提前两年达到峰值。因此，要不断优化交通出行结构，提高公共交通出行比例，调整私人车辆保有结构，积极营造慢出行环境，加快建成以轨道交通为骨干、电动公交为基础、电动出租车为补充、公共自行车和共享单车等慢行系统为延伸的城市绿色公共交通系统，助力城市交通碳达峰目标早日实现。

提高公共交通出行比例。东京的轨道交通公里数约为 2500 公里，其中普通站 1222 个，换乘站 383 个，东京都市圈轨道交通覆盖率较高，尤其在东京都线网密度高达 0.70 千米/平方千米，东京都心三区更是高达 3.84 千米/平方千米。借鉴东京经验，上海要坚持公交优先发展理念，打造以轨道交通为主体的公共交通体系，构建由区域城际铁路、轨道快线、城市轨道、中低运量轨道、中运量及常规公交和多元辅助公交等构成的多模式公共交通系统，充分发挥公共交通资源、人均能耗低和人均排放低等优势，进一步增加快速直达公交线路和数量的供给，提升当前地面公交出行的乘坐体验，提升公交线路的准点率、优先性和合理性，降低候车的距离和时间，保持高频率、直达式快捷便利的服务。优化公共交通节点，将公共交通节点设置在居住、就业和服务中心的步行范围内，缩短居民的通勤时间。加强地面交通与轨道交通的衔接，在轨道交通站点步行距离范围内设置地面公交换乘站点，提高居民的出行便利性，打造"15 分钟生活圈"的低碳出行模式，减少不必要的机动化出行需求。

调整私人车辆保有结构。汽车保有量的增加会导致汽油、柴油等化石能源消费量上升，是交通碳排放量增加的主要因素之一。综合城市经济发展、城市规划、环境承载能力等情况，制定交通车辆发展规划，防止汽车保有量盲目增长。采用征收拥堵费及排污费、提高燃油税和停车费、高速公路差别化收费等经济手段，适当限制个人车辆出行总量，提高私人车辆的拥有成本，合理降低交通车辆使用强度，积极调整交通车辆保有结构。通过补贴、减免税费等，鼓励购买节能与新能源汽车，淘汰更新黄标车及老旧车辆，推动交通车辆协调可持续发展。

积极营造慢出行环境。积极推进城市慢行交通系统的完善，对打造和谐、宜居、高品质的绿色生态城市具有重要意义。共享单车是短距离出行的重要工具，有效缓解城市交通"最后一公里"出行难题，更为实现城市出行的零碳排放提供了可能性，要推广美团、青桔、哈啰等共享单车，提升自行车网络密度，有效改善和提高共享单车文明摆放的问题，让共享单车在方便市民出行的同时成为城市文明名片。合理控制机动车道规模，增加步行道，在人流密集的商业区，建设与商业建筑互动良好的商业步行道，其他区域设置一般步行道，合理设置过街形式，完善行人过街标志标线，在必要的地方增设人行过街天桥或地道，减少交叉口和路段人车冲突，保障行人过马路安全，完善慢行交通设施。设计适宜步行的街道，在街道建设过程中注重空间景观设计和城市街道主题建筑等，增加步行的趣味性和吸引力。

2. 不断优化城市交通能源结构

上海城市交通的能源消费以汽油、柴油等化石能源为主，新能源、清洁能源的使用比例有待进一步提高。根据节能情景下城市交通碳减排潜力的预测结果，降低化石能源的燃烧，调整城市交通能源结构，相对于基准情景城市交通碳排放可提前两年达到峰值。交通动力系统转换情境下，相对于其他三种情景而言最早达到峰值，且交通动力系统的替换即通过能源技术的不断革新，优化城市交通能源消费结构。因此，应加快城市交通能源转型、加强能源基础设施保障等优化城市交通能源消费结构，以转换城市交通动力系统，提升城市交通碳减排潜力。

加快交通能源转型。加快出台面向碳达峰、碳中和的机动车电动化发展路线图，建立清洁化、多元化、高效化的城市交通能源使用体系，优化城市交通能源使用结构，促进交通出行模式转变，降低城市交通运输能耗。对于传统能源汽车，推行B5生物柴油，加大LNG清洁能源应用。积极扩大电力、氢能等新能源在交通运输领域应用，加快普及电动汽车、燃料电池汽车和氢能汽车等新能源汽车燃料替代，进一步加大对动力电池行业支持，通过降低动力电池生产成本，从根本上降低新能源汽车价格，拉动新能源汽车需求，提高新能源汽车的普及率和出行分担率。持续推广新能源汽车，综合运用财税激励、交通资源配置、充电便利性提升、法律法规保障等手段，进一步提升居民对新能源汽车的购买热情，提高新能源小汽车在新购汽车中的占比。推进城市新增和更新的公交车、出租车、轻型物流配送车逐步实现清洁能源或新能源化，实现港口、机场、物流园区等新增和更新作业车辆完成"油改电"，全面采用新能源和清洁能源车。

加强能源基础设施保障。完善充电设施建设布局，加快推进充电示范站和充电配套设施建设，重点加强瓶颈区域的配电保障，鼓励充电设施互联互通，自用专用充电桩分时共享，加快破解充电桩进小区难及电动出租车充电难等问题。推进新能源公交站台等新基础设施、停车场电动充电桩的建设。

3. 加强绿色交通治理能力

发展多式联运。以节能降碳为目标，发展多式联运，实现客运"零距离换乘"、货运"无缝化衔接"。打通运输服务的全产业链，创新以多式联运为牵引的城市交通运输服务模式，建设集约化、共享化、智慧化物流节点设施，构建综合服务、资源整合与运输方式有效衔接的产业发展平台。创新货物运输服务模式，积极建设绿色物流示范区，积极发展智慧物流，推动各种运输方式一体化融合发展。推进完善基础设施、运输装备、信息共享、运营管理中相关技术标准、操作规范的统一，以及交通运输市场化等关键环节体制机制的改革创新。

建立交通碳减排考核体系。强化绿色低碳发展规划引领，将交通运输碳达峰、碳中和目标要求全面融入综合交通运输规划。完善交通运输领域统计体系，加强对各种运输方式能耗、碳排放及污染物排放的统计分析。建立健全交通运输行业绿色发展指标与考核体系，为打造绿色城市交通运输体系提供内生动力。

加快绿色交通试点示范建设。围绕交通装备智能化和绿色化开展技术攻关，提高运输效率、降低碳排放。针对车路协同、智慧车列、智慧物流、地下物流、新能源汽车与储能协同发展等新模式和新业态，选择有条件、有基础、规模适当的区域，加强试点示范建设，形成一批可复制、可推广的模式，为全国推广奠定良好基础。

4. 提高城市交通智能化水平

做好交通碳减排监测工作。以汽车运输碳排放为主要分析和监测对象，兼顾公路建设与养护施工的碳排放情况，一体研究公路交通运输碳排放问题，建立有效的监测网络体系和排放清单。推动新一代信息技术与交通运输节能降碳领域深度融合，重点支持建设双碳数字化监测管理系统，实现对能源及碳排放进行实时监测、采集核算、考核评估、跟踪管理、统计分析等，关注节能降碳重点领域，合理调节各领域能源配置，减少用能消耗。

加快智能交通供给系统建设。《上海市综合交通发展"十四五"规划》指出，加快交通治理数字化转型，提升交通基础设施智能化水平。以数字化、网络化、智能化、绿色化技术的发展，拓展交通运输高质量发展空间，全网络覆盖的智能交通系统、信息技术的广泛应用、科学和人性化的交通组织管理技术可以提高交通效率，从而促进低碳交通。推动互联网、大数据、人工智能和区块链等新一代信息技术与交通运输行业深度融合，提高城市交通的运行效率与管理效率，以降低城市交通碳排放。通过智能交通平台，实现人、车、路、信息、服务即时连接和高效匹配，在交通压力较大或突发事件较多的地区进行分级预警和干预。构建人、车、路、环境等要素协同的智慧公路网，推动公路路网管理和出行信息服务智能化。有效解决地铁和轻轨"站站停"所带来的平均车速低的问题以及城市交通拥堵所带来的能源消耗和碳排放问题。

推进交通大数据共享平台建设。运用交通大数据平台提高智能化需求分析水平。基于交通大数据共享平台，利用现有的手机数据、卡口数据、GPS 数据、道路交通流监测数据以及社会经济、土地使用等相关数据，对城市交通需求特性、交通行为特性及其变化趋势进行分析，掌握实时动态的交通出行特性和交通行为特性的变化态势，为交通规划、设计、管理提供科学支撑，为交通战略决策的制定提供精准依据。运用交通大数据平台建立智能化的道路网、公交、停车设施规划。通过基于大数据的交通需求分析，获得精准动态的交通出行需求特性，动态评估、优化道路网、公交、停车等规划方案，提升城市交通的运转效率。

5. 倡导居民绿色低碳出行

公众出行方式改变是城市交通碳减排不可或缺的一部分，要倡导居民绿色低碳出行，坚决遏制奢侈浪费和不合理消费，带动城市交通出行结构、能源消费结构的不断优化。

大力推广绿色出行方式。以绿色出行体验提升为核心，加强顶层设计和路线图研究，加快 MaaS（出行即服务）推广应用，以信息技术为支撑打造以绿色出行为核心的多样化、一体化全链条出行服务，绿色出行服务水平达到国际一流、全国领先。借鉴北京实践经验，依托 MaaS 平台开展绿色出行碳普惠激励，促进绿色出行成为市民最愿意、最依赖的出行选择，引导全社会主动践行绿色出行。开展个人碳积分激励制度试点，构建公众碳排放相关数据平台，探索个人绿色出行碳积分与公共服务优惠政策挂钩机制，提升公众绿色低碳出行的获得感。通过票价改革和完善地铁服务设施等措施，提升居民乘坐热情，解决上下班高峰期公共交通拥挤、搭载难的问题。

加强低碳出行宣传教育。通过"全国低碳日"等宣传活动，倡导简约适度、绿色低碳的生活方式，将绿色低碳发展纳入全龄学校教育和社区教育体系，发布低碳生活清单，加强低碳消费观的引导和培养。将绿色交通低碳出行理念纳入社区文化建设体系，鼓励各类群团组织依据自身职能特点，组织贴近大众的实践活动，引导居民群众树立绿色低碳环保理念。在社区开展各具特色的宣传教育活动，宣传适度消费、绿色消费的可持续交通模式，充分调动广大社区群众参与交通碳减排的积极性。

六 上海建筑碳减排潜力及实现路径分析

上海市作为中国重要的经济中心，也是全球主要城市中经济增速较快的城市之一，上海市"双碳"目标的实现不仅对长三角及周边城市群具有重要的辐射和带动作用，而且对全国其他城市碳达峰和碳中和目标的实现具有重要的引领和借鉴作用。前面章节已从工业、交通等重点生产领域分析了上海市碳减排潜力及实现路径，本部分在前文的基础上，从建筑领域对上海市碳排放潜力及实现路径进行探讨。

建筑运行用能是建筑部门主要的用能阶段，指建筑（包括居住建筑和公共与商业建筑）运行过程中，为实现建筑各项服务功能所消耗的能源，包括供暖、空调、通风、照明、炊事、生活用水、连接插座的各种电器、电梯等的用能。目前，上海市建筑运行阶段的能源消耗约占总能源消耗的1/5。建筑领域的能源消耗及其碳排放是全国碳排放的重要构成部分。中国建筑节能协会编写的《中国建筑能耗研究报告（2020）》指出，2018年全国建筑全过程能耗总量占全国能源消费总量的46.5%，碳排放总量占全国碳排放的51.3%。2021年2月23日，上海市人民政府印发《关于本市"十四五"加快推进新城规划建设工作的实施意见》的通知，明确指出要"将位于重要区域廊道上、发展基础较好的嘉定、青浦、松江、奉贤、南汇5个新城，培育成在长三角城市群中具有辐射带动作用的综合性节点城市"。"十四五"时期，五大新城的建设又会引发新一轮的建筑高潮，绿色低碳建筑将成为上海市减碳工作的重要内容之一。同时根据《上海市国民经济和社会发展第十四个五年规划和二〇三五年远景目标纲要》中内容，要"不断提升建筑能效等级，推广绿色建筑设计标准"。因此，探究上海市建筑的碳减排潜力及实现路径，不仅对推进环境与城市的可持续发展、降低建筑领域碳排放，同时对于上海市碳达峰目标的实现具有重要的现实意义。

本部分内容安排如下，首先，对全球典型城市建筑碳减排现状进行分析，从中得出可供上海借鉴的经验和模式。其次，基于横向和纵向两方面分析上海市绿色建筑碳减排现状，从中归纳总结现存的问题及面临的挑战。再次，对上海市建筑领域的碳减排潜力展开分析，结合上海市实际情况有针对性地分析其实现碳达峰及碳中和的条件。最后，基于对上海市建筑领域的分析和探讨，提出上海市建筑领域碳减排路径实现的政策建议。

（一）世界典型城市建筑部门碳减排经验分析

"十三五"时期，上海市国际经济、金融、贸易、航运和具有全球影响力的科技创新中心的基本框架已经形成。作为对标国际化大都市的上海市，其碳达峰和碳中和路径的实现也可从世界率先达峰的典型城市获得经验借鉴。基于人口规模、经济发展水平和区域影响力，本部分选取人口 500 万人以上，且在"全球化与世界城市研究网络"（Ga WC）发布的"世界城市分级排名"中，属于 Alpha＋以上的全球一线特大城市作为研究案例，从中选取纽约、伦敦、东京和巴黎 4 个典型的国际特大城市作为上海的参照（其中巴黎和东京是人口超过 1000 万人的超大城市），归纳总结不同国家建筑部门实行碳减排的经验模式，以期获取相关经验借鉴。表 6 - 1 首先展示了不同城市的基本情况及碳排放水平。

表 6 - 1　　　　　　　　国际特大城市温室气体排放情况

城市	纽约	伦敦	东京	巴黎大区
面积（平方千米）	783.7	1579	2194.0	约12000
人口（万人）	855.0	890.8	1374.3	1180
GDP（亿美元）	17510	6331	9880	7532
碳排放总量（百万吨二氧化碳当量/平方千米）	55.11	32.37	64.85	41.00
地均碳排放量（万吨二氧化碳当量/平方千米）	7.03	2.05	2.96	0.34
人均碳排放量（吨二氧化碳当量/平方千米）	6.45	3.63	4.72	3.47
碳排放强度（万吨二氧化碳当量/10亿美元）	3.15	5.11	6.56	5.44

资料来源：纽约数据取自 Inventory of New York City Greenhouse Gas Emissions in 2017；伦敦数据取自 London Energy and Greenhouse Gas Inventory（LEGGI）；东京数据取自 Final Energy Consumption and Greenhouse Gas Emissions in Tokyo（FY 2017）；巴黎大区数据取自 Stratégie Énergie-Climat de la Région Île-de-France。

由表 6 - 1 可知：地均碳排放方面，纽约最高，约为 7.03 万吨二氧化碳当量/平方千米，巴黎大区最低，仅为 0.34 万吨二氧化碳当量/平方千米左右。人均碳排放方面，纽约最高，约为 6.45 万吨二氧化碳当量/平方千米，巴黎大区最低，仅为 3.47 万吨当量/平方千米左右。碳排放强度方面，东京都最高，为 6.56 万吨二氧化碳当量/10 亿美元，纽约最低，仅为 3.15 万吨二氧化碳当量/10 亿美元。

其次，对不同城市的碳排放结构做一对比，见表 6 - 2。

表 6 - 2　　　　　　　　国际特大城市碳排放结构对比

城市	纽约	伦敦	东京	巴黎大区
城市碳达峰年份	2006	2000	2012	—
碳排放（百万吨二氧化碳当量）	55.11	32.37	64.85	41.0

续表

城市			纽约	伦敦	东京	巴黎大区
细分部门碳排放量占比（%）	固定源	住宅	31.2	32.8	29.2	48.0
		商业	27.5	32.4	43.6	
		工业和建造	8.1		7.4	11.3
		逃匿和损耗	0.9	—	—	—
	交通运输		28.4	25.0	16.7	29.7
	废弃物		3.9	3.6	3.7	4.2
	其他		—	6.1		6.8

资料来源：同表6－1。

　　总体上，住宅、商业、交通是三大排放源，占比可达60%—90%。在纽约和东京工业碳排放仍占一定比例。相比于全球和国家层面的数据，受城市中交通活动更为密集等影响，城市层面交通排放占比更高；纽约最高，达28.4%；东京最低，约16.7%。

　　再次，基于不同的碳排放水平及排放结构，归纳总结不同城市建筑部门的低碳发展目标和主要措施，为上海市建筑部门低碳减排做一经验借鉴，具体见表6－3。

表6－3　国际特大城市低碳发展目标和建筑领域主要碳减排措施

城市	纽约	伦敦	东京	巴黎大区
低碳发展目标	全市目标2030年温室气体排放量比2005年下降30%；2050年温室气体排放量比2005年减少80%，并在2030年前实现对土地的零废弃物排放。纽约市2030年共需减排3360万吨二氧化碳，并且通过控制城区无序扩张和提供住房来实现额外的1560万吨二氧化碳减排	伦敦市居民生活的低碳发展目标是到2025年降低至766万吨二氧化碳当量，伦敦市企业低碳发展目标是到2025年降低至570万吨二氧化碳当量，伦敦市交通低碳发展目标是到2025年降低至795万吨二氧化碳当量。伦敦市低碳核心目标是到2025年，二氧化碳排放降低60%	2030年温室气体排放比2000年减少30%的目标计划	2050年实现碳中和，开发综合绿色空间以应对气候和社会挑战

续表

城市	纽约	伦敦	东京	巴黎大区
主要低碳措施	1. 提高存量建筑的能源效率。 2. 要求新建筑具备高能源效率。 3. 提升电器效率。 4. 发展绿色建筑。 5. 通过教育和培训提升能源意识。 6. 能源审计——分析如何改变设备、装置及设计来减少能源使用；改造——对于建筑物进行更新，通常集中在照明和供热制冷系统，通过3—7年所产生的能源节省回收成本；调试——确保建筑物的设备安装正确，并以最高效率运行	1. 存量住宅：绿色家庭计划。 2. 顶楼与墙面改造补贴；家庭节能与循环利用咨询；社会住宅节能改造。 3. 存量公建：绿色机构计划；建筑改造伙伴计划；绿色建筑标识体系	1. 为东京市区政府部门的建筑制定了全球最高级别的能源节约标准。 2. 要求新建大型建筑引入能源节约认证制度。 3. 提高房屋节能性能。 4. 推广"灭白炽灯运动"	1. 支持合理开发光伏、风电等。 2. 新开发项目：采用分散式能源供应系统；规划中强化对节能的要求；节能建筑和开发项目的示范

资料来源：作者整理。

通过表6-1至表6-3可得，4个国际特大典型城市在建筑领域的降碳经验主要有以下几个方面。第一，将"政府主导、目标统领"作为低碳城市建设的保障。不同城市的低碳建设均离不开政府的有力推动。一是政府部门负责确定低碳城镇建设的理念和总体目标，并制定一系列具体的目标指标强化目标统领。二是在明确总体目标后，政府部门负责确立各项规划。对于城市新区或开发项目，在确定规划后，政府部门或派出机构开展招商"选"资，要求开发商必须拿出有说服力的方案证明能够达到低碳要求才能竞拍土地，且开发商必须严格按照规划实施开发等。三是在建设推进方面，政府部门或派出机构把控开发进度，通常采取循序渐进的模式，一方面逐步积累经验并指导下一期的开发，另一方面可以降低投资成本。四是国家层面往往还通过资金补贴等方式支持低碳城镇建设。第二，将科学编制规划作为低碳城市建设的根基。欧洲国家都较为重视规划，完善的规划也是造就经典的保障。在规划选择方面，欧洲新城规划都是采取设计竞赛的模式，并鼓励分块规划，通过引入竞争机制，提高规划设计的总体水平。在规划理念方面，欧洲设计机构基本形成共识，"以人为本"是首要原则，一方面体现在生态宜居、便利性、舒适性等方面的精细设计；另一方面体现在规划的编制和确定过程中，重视公众参与。例如，法国提出"参与性住区"概念，将公众参与与可持续发展作为核心理念实施新住区的规划与建设；规划的另一重要理念就是科学、合理，体现在充分考量职住平衡、混合土地使用，避免打造空城、"睡城"；同时，还通过强化混合土地使用，提升区域的活力和吸引力。第三，将能源、交通、建筑、生态四大领域作为低碳城市建设的重点。在能源低碳化方面，欧洲国家一是注重前期能源规划，科学评估未来能源需求预期；二是因地制宜，探索符合本地特色的低碳能源模式；三是普及节能设备、节能建筑，减少能源需求。建筑设施是城镇能源消费的主要领域。低碳城镇在建筑方面的考虑一般包括两个部分：一部分是建筑物本身，具体包括如何实现节材、节能和节水。另一部分是建筑的后期运维，通过鼓励居民购买节能家电设施、践行节约型生活方式等措施减少生活用能。第四，科技赋能城市低碳绿色发展。针对工业、交通和建筑等三大主要碳排放部门及高污染工业门类，积极引入先进减排技术，通过技术实现产出率的提升。第五，都市圈协同推进低碳绿色发展。如东京低碳发展呈现由城市走向区域的趋势，通过低碳技术互联互通、加快周边小城镇发展，以大都市为核心推进绿色发展管理，促进城乡之间的协调和地方之间的合作，实现都市圈经济、社会和环境协调发展。

（二）上海建筑碳减排现状及问题分析

联合国环境规划署与国际能源署合编的《2018 年全球现

状报告——塑造零排放、高效和有弹性的建筑建造行业》指出建筑行业占据与能源相关的二氧化碳排放总量的 38% 以及最终能源消耗量的 35%。建筑领域的能源消耗及其碳排放是全国碳排放的重要构成部分。开展建筑领域碳排放达峰行动，严格执行新建筑节能强制性标准，加快推进建筑能效提升、绿色建材与资源循环利用、绿色生态城区建设以及"负碳技术"推广等行动，对推进城市绿色低碳发展意义深远。虽然上海已经加快新建筑能耗与碳排放限额设计监管体系、加快推进超低能耗建筑规模化发展、建立建筑碳排放智慧监管平台。但是，当前建筑领域的碳排放仍然存在不少问题，尤其是新城区建设规划在即，建筑领域减碳的成果更是关乎上海市碳达峰进程的重要工作之一。具体地，上海市建筑领域碳排放存在的问题主要有以下几方面。

1. 建筑领域的碳达峰缺少顶层规划

建筑领域实现碳达峰，是以规划期末实际运行能源消耗及碳排放量作为评价依据。虽然长期以来各地大力推进建筑节能工作，构建了系统性的建筑节能推进体系，但相关工作重点在设计和施工环节，对运营实效的管控不足。要实现 2025 年碳排放总量的达峰，需要在现有建筑节能工作的基础上，进一步研究分析建筑碳排放的规律和特点，以建筑运行能耗和碳排放为目标，进行系统的顶层规划，包括政策机制、技术路线、任务分解、组织管理等方面。

2. 建筑领域的市场化减碳机制不健全

当前我国已建立碳排放权交易制度，其中上海是首批碳交易试点城市之一，已形成一套较为成熟的运作机制。作为一种市场化的减排机制，碳排放权交易是促进碳减排的重要手段，但目前参与碳交易的主体以工业、交通等领域为主，建筑领域参与占比仅 3.8%。造成这种局面的原因，主要是单个建筑项目的减碳量相对较小，市场交易价值低，难以形成市场驱动力。建筑领域虽然规模总量大，但从操作主体角度来看主体分散，较难形成规模效应。针对建筑领域的客观现状，如何创新碳交易的市场机制，让建筑工程项目获得更多的参与机会，是需要解决的问题之一。

3. 民用建筑碳排放的标准规范体系不够健全

在民用建筑现行的标准规范体系中，缺少与建筑碳排放直接关联的内容，包括建筑全生命周期碳排放核算标准、近零碳排放示范区规划建设标准、公共建筑低碳设计标准、住宅建筑低碳设计标准、既有建筑低碳改造技术、低碳建筑建设工程估算指标、建筑减碳技术措施指引、建筑碳排放量监测与核查等。上海作为超大型城市，不仅商务楼宇、酒店、会展等大型公共建筑数量众多，随着新经济和新基建的大规模推广，耗能较大的数据中心、文化和体育中心、交通枢纽等大型民用建筑，尤其是五大新城建设中增加的建筑均是建筑减碳的重要对象。出台针对性强的建筑碳排放相关标准规范，对于开展建筑领域的碳减排工作意义重大。

4. "碳排放" 的第三方核查机构数量不足

"碳排放" 的第三方核查机构，可以更好地帮助企业掌握自身的碳排放家底、加快建立重点单位温室气体排放控制源，为"碳资产" 管理和开展 "碳交易" 等提供数据支撑。在 CCER 机制下，获得审定与核证备案的服务机构数量并不多，目前上海只有 9 家获得许可的第三方核查机构，主要集中在钢铁、民航、电力、化工等行业领域。相较于深圳 2020 年年底已有 25 家核查机构的现状，上海不仅数量不足，且在民用建筑领域具备咨询、编制、审定和核证能力的企业较少。

（三）上海建筑碳减排潜力分析

1. 上海建筑碳排放能源消耗分析

本小节对上海市建筑碳排放的能源消耗、碳排放结构及碳排放基本规律及特点进行探讨，以直观展现并分析上海市碳减排现状及其减排潜力。

（1）上海市建筑能源终端消费量分析

首先，对上海市建筑能源终端消费量做一分析，说明上海市碳排放的所有部门中建筑碳排放所占的比重。能耗数据是研究的重要基础。当前，在国家能源消耗统计体系中，建筑能耗还未被作为一类能源消费进行单独计算。由于缺乏权威的统计数据发布，必须依赖于一定的方法对建筑部门的能源消耗情况进行核算。本文根据中国建筑节能协会和清华大学的相关研究，在各省份能源平衡表的基础上核算建筑部门能耗和碳排放量。具体方法如下：（1）将能源平衡表中"批发、零售业和住宿、餐饮业"和"其他"视为公共建筑；将"居民生活"中的"农村"视为农村建筑，将"城镇"视为城镇建筑。在此基础上进行数据修正。（2）将"批发、零售业和住宿、餐饮业"和"其他"中的95%的汽油、35%的柴油及"生活消费"中的全部汽油和95%柴油扣除，扣除部分归入交通能耗。（3）将交通运输业的全部煤耗，以及15%的电耗纳入公共建筑能耗。（4）在划分农村建筑能耗、城镇建筑能耗、公共建筑能耗的基础上进行碳排放核算。文中所用到的能源平衡表数据来源于历年的《中国能源统计年鉴》，由于各个省份数据翔实程度不同，其时间区间定为2009—2019年。

2019年上海市不同部门能源终端消费量占比中，第二产业占比最高，约达57%，其次是交通运输、仓储和邮政业，占比约25%，再次是批发、零售贸易业和住宿、餐饮业和生活消费

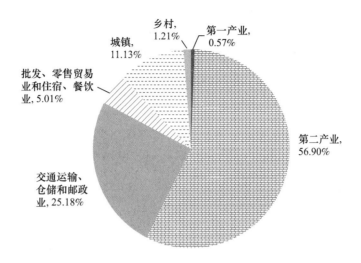

图 6 - 1　上海市分部门碳排放消耗占比

资料来源：上海市统计局。

产生的碳排放。根据本文分类，该部分计入建筑碳减排领域，占比约 17%，第一产业占比最低，约 1%。图 6 - 1 表明，上海市的建筑碳排放在全行业中占比不容忽视，也是碳减排过程中必不可少的部分，"双碳"目标的实现也必然会考虑建筑行业的碳减排能力。

（2）上海市的建筑碳排放量分析

通过搜集 CEADs 数据库中碳排放的数值，2019 年，上海市在不计入外来电的情况下，共产生约 192.91 百万吨二氧化碳，按照人口 2.48 千万人算，上海市人均年碳排放量为 7.8 吨，其中建筑领域产生的碳排放为 1.95 百万吨二氧化碳，占上海市排放总量的 25%。而计入外来电时，其人均年碳排放量为 268.62/24.8 = 10.83 吨，建筑领域产生的碳排放量为 5.95 吨，占上海市排放总量的 55%，这表明上海市建筑领域消耗的能源中近一半的碳排放并非在上海本地。同时根据表 6 - 4 中 2009—2019 年建筑部门碳排放趋势显示，在不计入外来电的情况下，上海市建筑领域 2009—2019 年的碳排放量整体下降，但是计入外来电之后整体反而呈现上升趋势。表明上海市建筑领域的碳排放产生方式已经逐渐由市内转移到市外，即上海市建筑减碳降碳的部分原因是上海市的碳排放转移到了其他地区，局部看上海市建筑碳减排成效显著，但是放到全国的视角下，我国整体的碳减排形势依然严峻。

表6-4 上海市2009—2019年建筑部门碳排放量

单位：百万吨二氧化碳

年份	碳排放（不计外来电）	碳排放（计入外来电）
2009	2.570952362	4.480341327
2010	2.453306083	4.587590272
2011	2.313511791	4.404240103
2012	2.253860151	4.927695511
2013	2.059117008	4.915573537
2014	1.850234887	5.152400722
2015	1.876700379	4.974344955
2016	1.842592852	5.672178296
2017	1.914510481	5.781056404
2018	1.877045775	5.70972873
2019	1.950598845	5.953209284

资料来源：CEADs 中国碳核算数据库。

（3）上海市的建筑碳排放终端消费清单分析

建筑运行阶段的碳排放主要来源于化石能源的使用，根据图6-2，在建筑领域能源终端消费清单中，柴油和汽油产生的碳排放量对建筑领域的贡献值最高，分别为42%和39%，剩余分别为燃油、液化石油气、天然气和原煤，分别贡献了11%、6%、1%和1%的碳排放。

图6-1和图6-2基于横向视角对上海市建筑部门在总产业中的占比及碳排放来源进行分析，直观展示了2019年上海市建筑行业碳排放的基本概况，接下来基于纵向视角从时间变化趋

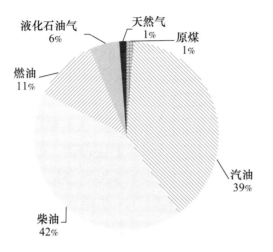

图6-2 上海市2019年建筑能源终端碳排量清单

资料来源：CEADs数据库。

势对上海市建筑的碳减排现状做一对比分析。

图6-3和图6-4分别显示了上海市2009—2019年建筑能源终端消费量和消费强度的趋势，从图中可得，整体上上海市建筑能源终端消费量呈现上升趋势。具体地，在2009—2014年波动缓慢，且在2014年降到最低。2014—2019年，能源终端消费量快速上升，仅在2018年有较小幅度的下降，之后便一路攀

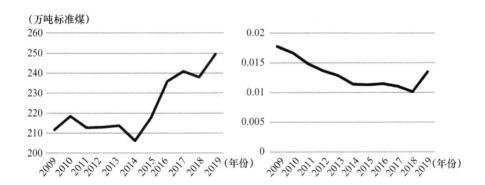

图6-3 上海市建筑能源终端消费　图6-4 上海市建筑能源终端消费
**　　　量趋势　　　　　　　　　　　　强度趋势**

资料来源：上海市统计年鉴。

升。初步表明上海市近年来建筑能源终端消耗量并未降低，反而处于上升阶段。但是根据图6-4的建筑能源终端消耗强度趋势可知，上海市2009—2019年整体建筑能源终端强度呈现下降趋势，结合图6-3和图6-4的结果表明，整体上上海市能源消耗量虽然呈现上升趋势，但是能源消耗强度在不断下降。说明"十二五""十三五"时期，建筑领域的能耗得到了较有效的控制。

进一步地，为深入剖析上海市建筑部门产生的碳排放量中占比最高的能源消费量，本报告绘制图6-5至图6-10，分别表示建筑中贡献最高的碳排放量的能源趋势（单位：百万吨二氧化碳）。

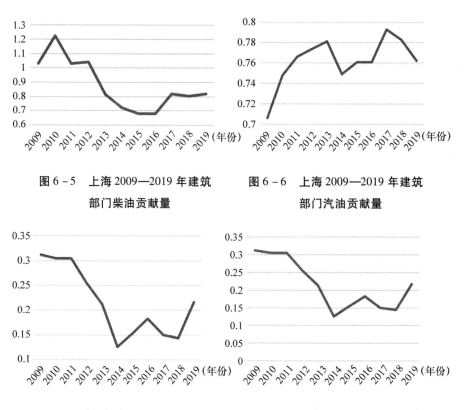

图6-5　上海2009—2019年建筑　　图6-6　上海2009—2019年建筑
　　　部门柴油贡献量　　　　　　　　　部门汽油贡献量

图6-7　上海2009—2019年建筑部门　图6-8　上海2009—2019年建筑部门
　　　燃油贡献量　　　　　　　　　　　液化石油气贡献量

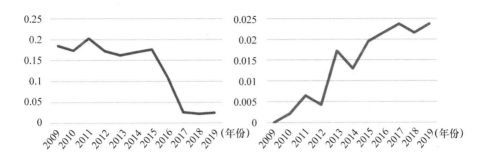

图 6 - 9　上海 2009—2019 年建筑　　图 6 - 10　上海 2009—2019 年建筑
　　　　 部门原煤贡献量　　　　　　　　　　部门天然气贡献量

进一步地，通过对建筑部门贡献碳排放较高的柴油、汽油、燃油、液化石油气、原煤和天然气六类能源进行分析，得出不同能源 2009—2019 年对建筑贡献碳排放量的趋势。由此可知，整体上六张图中，柴油、燃油和原煤呈下降趋势，汽油、液化石油气和天然气产生的碳排放量呈波动上升趋势，并且汽油虽然整体呈上升趋势，但在 2017 年之后开始快速下降。这表明在建筑产生的碳排放量中，由液化石油气和天然气产生的碳排放量最高，即液化石油气和天然气在建筑行业中的大量使用是其产生碳排放量大的主要原因。

此外，根据今年上海市住房和城乡建设管理委员会、市发展和改革委员会等编制的《2020 年上海市国家机关办公建筑和大型公共建筑能耗监测及分析报告》结果，2020 年，与能耗监测平台联网的公共建筑年总用电量约为 85.5 亿千瓦时，折合碳排放量约 673.7 万吨二氧化碳。按不同类型建筑分别统计，办公建筑、商场建筑、综合建筑与旅游饭店建筑用电总量较大，依然是用电消耗主力，四类建筑用电量占总量的 82.3%。

2. 上海建筑碳排放结构分析

根据分类，图 6 - 11 展示了上海市 2009—2019 年公共建筑、城镇建筑和农村建筑的碳排放结构及趋势，以直观展示上海市建筑碳减排结构的基本现状。

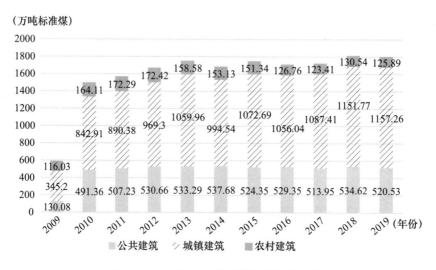

图 6-11　上海市建筑碳排放结构及趋势

根据图 6-11 可知，整体上，上海市建筑碳排放呈现逐年上升的趋势，尤其是 2009—2010 年，碳排放量上升速度最快，之后逐渐平缓。其中，城镇建筑的碳排速度较公共建筑和农村建筑的总量要高。具体来看，上海市的建筑碳排放中，城镇建筑产生的碳排放量最高，2019 年达到 1157.26 万吨标准煤。其次是公共建筑，达 520.53 万吨标准煤。农村建筑的碳排放量最低，达到 125.89 万吨标准煤。表明城镇建筑是上海市建筑碳排放中贡献最高的领域。究其原因是，建筑规模的持续调整和增长是中国建筑用能快速增加的重要驱动之一。一方面，不断增长的建筑面积给未来带来了大量的建筑运行能耗要求，更多的建筑必然需要更多的能源来满足其各项服务功能；另一方面，大规模建设活动的开展需要使用大量的建材，而建材的生产又导致了大量能源消耗和碳排放的产生。而 2019 年上海市的城镇化率突破 60% 大关，由此造成城镇建筑碳排放量的持续快速增长。

3. 上海建筑碳排放的基本规律及排放特点

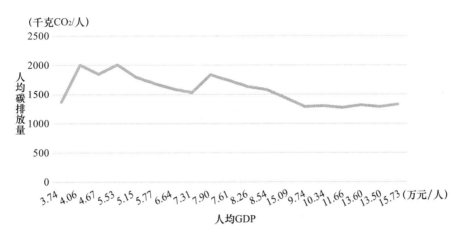

图 6 - 12　上海市 2001—2019 年人均 GDP 与人均碳排放量关系

图 6 - 12 显示了 2009—2019 年上海市人均 GDP 与建筑碳排放量的关系。从整体上看，人均建筑碳排放量随人均 GDP 的增长而有所增加，但增速逐渐放缓。这一规律可以通过需求理论进行解释。在经济发展的初级阶段，居住是最基本的生活需求，居住建筑总量随人均 GDP 的增长而呈明显的增长趋势。当居住需求得到基本满足时，建筑总量与人均 GDP 呈"脱钩"现象，这为居住建筑的碳排放达峰提供了重要的时间窗口。在居住需求得到基本满足后，人们的需求开始转向医疗、教育、休闲等领域，同时经济也开始向服务业转型，驱动公共建筑总量的进一步增长。当这些需求得到基本满足后，公共建筑总量将趋于稳定。稳定的建筑总量，结合不断提升的能效水平和清洁能源的大幅度利用，将推动建筑碳排放进入下降通道。

建筑碳排放的特点主要有以下两个方面：其一，建筑碳排放主要集中于运行阶段上。根据全生命周期理论，可以把建筑生命周期分为不同阶段，不同阶段的建筑具有不同的碳排放特点。然而相关研究发现在民用建筑领域，建筑运行阶段的碳排放远远大于其他阶段，占据生命周期碳排放总量的比重极大。尤其是公共建筑，其运行阶段的碳排放甚至占整个生命周期碳排放总量的 60%—80%（陈伟珂和罗方，2008；王幼松等，2017）。其二，公共建筑碳排放量大、总量高。自改革开放以来，我国城镇化水平不断提高。而城市的快速发展离不开建筑行业的发展。根据统计年鉴数据，上海市房屋建筑面积由 2009 年的 5719.93 万平方米激增至 2019 年的 9231.95 万平方米。尤其是嘉定、青浦、松江、奉贤、南汇 5 个新城规划建设，更是对城市的建筑面积和单位用能带来了新挑战，也有力地助推了中国第三产业的发展。同时随着第三产业的发展与公共建筑规模的扩张，公共建筑能耗总量也在持续增加，公共建筑能耗总量（不含北方城市供热能耗）从 2009 年的 130.08 万吨标准煤逐步增长至 2019 年的 520.53 万吨标准煤。11 年间增长了 3 倍，年均增长 27%。

上海市正处于工业化、城镇化快速发展阶段，未来建筑二氧化碳排放什么时间能达到峰值，峰值排放量有多大，都有很大不确定性，很大程度上取决于当前和今后的发展方式和政策，取决于未来科技创新和发展方式转变的力度。上海市建筑二氧化碳排放达峰值的时间和峰值排放量，不能简单地进行预测。即使用复杂的能源、环境和经济耦合模型，也只是对未来各种政策下的发展趋势和情景进行模拟，而难以进行准确的预判。当前研究并确立建筑二氧化碳排放峰值目标，是分析在努力采取大力度减排政策和措施，加快实现低碳发展转型的战略下，探讨经努力可争取实现的积极紧迫的二氧化碳减排目标，并以此为导向，构建促进经济社会发展方式转变和大力度节能减碳的"倒逼"机制。当然，未来实际的建筑二氧化碳减排路径与确立的峰值目标在时间和数量上都会有所偏差，但更重要的是一个积极紧迫的减排目标对促进低碳转型将起到重要的制约和积极的引导作用。

（四）上海建筑碳减排实现路径

当前我国经济社会发展既面临应对气候变化减缓二氧化碳排放的挑战，也面临国内日趋强化的资源环境制约。二氧化硫、NOx 和 $PM_{2.5}$ 排放主要来自化石能源燃烧，节约能源，优化能源结构，减少化石能源消费和二氧化碳排放，也具有降低常规污染物排放、改善区域环境的协同效果。经济发展方式向绿色、低碳路径转型，既是应对全球气候变化的战略选择，也是国内促进经济社会与资源环境协调和可持续发展的内在需要。建筑部门是碳排放的主要来源，也是碳排放增速最快的部门，对实现"碳达峰、碳中和"目标具有重要作用。从国际经验看，在排放温室气体的各个部门（建筑、交通、工业、农业）中，建筑部门碳排放的总量和占比都具有较长时间的增长趋势，建筑部门实现碳达峰乃至碳中和将是一个长时间的挑战（何建坤，2013）。建筑碳排量与人类行为密切相关。从总体来看，上海市要努力实现二氧化碳排放尽早达峰值目标，必须制定清晰明确的战略思路，超前部署，采取强有力的政策和措施，主要有以下几个方面。

1. 制定民用建筑碳达峰行动方案，并建立建筑碳排放相关标准体系

从发展目标、技术路线、政策机制、任务分解、组织管理等方面，上海市应该明确建筑领域实现碳达峰的路线，形成顶层的规划设计，为最终的碳达峰目标达成提供指引。应尽快编制城市、辖区、片区的碳减排建设规划（实施方案），明确碳达峰、碳中和的建设目标、策略、措施、建设方案及建设计划。碳减排规划（实施方案）的规划范围原则上应与城市规划区一致。同时，对标国际通用的温室气体核查与报告控制标准，加快民用建筑"碳排放"的规范体系建立，逐步编制建筑碳排放的核算标准、碳排放强度控制标准、减碳技术引导标准和监测审核标准等，并利用"一网统管"等大数据平台资源，实现对民用建筑碳排放的实时状况追踪。

2. 创新建筑领域碳交易的市场机制，扩大"碳排放"第三方核查机构

针对建筑领域主体分散、单个项目碳减排量小的现状，碳交易的主管和运行机构可创新交易机制，为建筑领域探索有市场驱动力的、合理的碳交易参与机制，如简化核算体系，可直接以能耗监测平台数据作为核算依据；探索区域或行业等联合参与机制，以形成一定的碳减排规模。同时，在民用建筑领域探索放开"碳排放"的第三方核查机构的市场管理机制，让有资质和技术实力的企业，特别是具备全过程、全产业链服务能力的单位发挥市场化优势，提供"减碳和低碳"发展规划与技术咨询服务。通过减排量的设计与咨询、核查与核证、经核实的减排额度签发，履行企业的社会责任。政府管理部门也可给予相关企业"节能减碳"认证并健全相关的激励措施。

3. 规划合理新城建设方案，控制建筑面积的无序扩张

从历史进程来看，人类生活水平的提高是碳排放增长最重要的驱动力。在人类生活水平提高的过程中，既有正当性消费，也不乏奢侈性消费，需求引导在碳减排体系中具有重要作用（潘家华，2002）。就建筑部门而言，建筑总量的控制在建筑碳达峰和碳中和路径中非常关键。合理的规划是控制建筑面积无序扩大及建筑业碳排放的重要前提，尤其是上海规划的五大新城建设方案，在实施的过程中更要做好合理规划，控制建筑面积的无序扩张。

4. 大力发展超低能耗建筑，形成低碳的生活方式

建筑是人类生存和活动的主要场所。超低能耗建筑以大幅度降低建筑能耗为目标，是实现建筑领域碳达峰和碳中和的重要措施。可结合城市气候特征与建筑特点，推进超低能耗建筑的示范实践。将超低能耗建筑推广纳入各级政府建筑节能工作的考核评价体系，引导在绿色生态城区、低碳实践区等绿色发展重点区域土地出让阶段明确超低能耗建筑应用要求。不仅如此，建筑碳排放还与人类行为密切相关。人类行为不仅影响建筑的总体规模，也影响技术的扩散和使用。即使是在技术配置完全相同的建筑内，由于使用者的不同，其能耗和碳排放也存在明显的差别。生活方式是影响建筑能耗和碳排放的重要原因，行为改变具有非常可观的节能和温室气体减排潜力。从政策路径来看，实现建筑碳中和，应推动节能标识、供热分户计量等措施，为居民低碳生活扫清政策和技术障碍，同时通过阶梯电价、节能补贴、媒体宣传等多种方式（影响居民的生活方式，促使其形成低碳的观念）促进居民低碳生活方式的养成。

七 促进上海实现"双碳"目标的绿色低碳发展政策体系

(一) 以电力清洁化为重点,大力推动能源结构优化,确保能源供应安全

第一,"十四五"时期,加快建成外来清洁电力输入通道,扩大外来清洁电力入沪规模。上海 45% 电力来自外部输入,主要来自皖电东送淮南—上海,以及 2016 年投运的淮南—南京—上海两条特高压输电线路入沪的煤电。目前外来电消费产生的碳排放还没有计算在消费地,但是随着碳交易市场逐步成熟,这部分碳排放从经济属性上将归属消费市场,因此,提高外来清洁电力比重,不仅有助于能源结构的调整,同时也将减少因碳排放产生的经济成本。"十四五"时期,上海不仅要继续完善现有多方向的受电通道,更重要的是对接国家大型清洁能源发电基地,积极谋划并加快建设清洁电力入沪的特高压输电线路,奠定上海能源结构根本转型的基础。

第二,因地制宜、就地取材、适度规模发展本地可再生能源。鼓励本地风、光等可再生能源的分布开发、就地利用。根据上海资源禀赋和地理条件,不仅不具备大规模集中开发光伏发电、陆地风电的土地和空间等现实基础,而且缺乏本地可再生能源规模上网的体制机制。从能源转型视角来看,上海可再

生能源开发的重点是海上风电，以及陆地中小型分布式风电、光伏发电。"十四五"时期，重点建设临港海上风电基地，奉贤、南汇、金山海上风电基地。支持探索深远海海上风电开发，支持分布式中小型风电应用。围绕工业园区屋顶资源、可再生能源资源分布特点，因地制宜推广光伏等可再生能源自发自用、就近消纳的分布式利用模式。

第三，支持低碳能源多元化应用和示范项目推广。重视与能源相关的低碳技术路径和培育多元化应用市场，支持技术较为成熟、前景较为广泛的示范项目落地。实施"光伏＋"专项工程，重点依托工商业建筑、公共建筑屋顶、产业园区等，实施分布式太阳能光伏发电，积极推动农光互补、渔光互补、建筑光伏一体化等模式。支持氢能在中重卡、航运等特定领域应用，鼓励氢能在非交通领域的推广和应用，尤其是为电力系统提供灵活性方面的应用（比如季节性调节、智能电网微电网等小型储能方面的应用）。探索峰谷电与热储能综合利用，利用分布式储热模块，调节峰谷电。鼓励合成燃料在航空航运码头等交通领域的推广应用。

第四，协调碳市场与电力市场建设，促进电力行业碳减排。电力行业仍然是上海碳排放的重要行业。优化电源结构是电力行业减排的重要路径。国际经验表明，碳市场和绿证市场是电力行业优化转型的最主要政策机制。从政策机制选择上，碳市场更加契合电力行业减排。通过碳市场提高煤电等高碳电源成本，从而提高可再生能源电力的预期收益。绿证市场则用于引导清洁电源投资，风电、光伏发电等可再生能源电源可以通过绿证市场获得额外激励。逻辑上看，碳市场与绿证市场的成熟运行都依托于电力市场。碳市场能否充分发挥引导电力行业的碳减排，很大程度上取决于电力市场的建设成效。因此，在电力市场建设过程中要科学把握碳市场、电力市场与可再生能源发展之间的逻辑联系，将电力体制改革与以碳减排为重要内容的生态文明体制改革相结合，以电碳融合的改革思路，协调推进上海碳市场与电力市场建设。

第五，构建坚强、科学的城市能源安全体系，保障上海超大城市能源安全。把城市能源安全放在首要位置，坚持内外并重和多元驱动，建设具有国际话语权的能源要素市场，加快打造与超大城市相适应的安全、清洁、可持续的现代能源体系。加快重大能源设施布局，进一步完善能源基础设施。加大支撑电源和电网调峰能力建设，力争到 2025 年新增 600 万千瓦电力供应能力。完善"5 + X"市内电源布局，其中吴泾—闵行—奉贤基地逐步从煤气并重转向全为气电。加快天然气产供储销体系建设，重点建设第二 LNG 站线项目，建成五号沟—崇明岛、主干管网西部复线等主干管网项目。推动天然气设施网源协调布局，研究推进天然气主干网从 C 字形向 O 形转变，配合上海第二 LNG 项目形成"7 + 1"多气源、多通道格局。形成南北互济的油品供应体系，航油形成"两厂三库 + 浦虹机场联络管"供应格局，汽柴油供应形成包括上海石化、赛科两大炼厂，金闵一线二线、白沪两大成品油管道、X 个成品油库和码头等在内的"2 + 2 + X"供应体系。完善城市能源应急保障体系。发挥煤电在一定时期的城市支撑电源的重要作用，充分发挥多种能源在城市能源应急供应保障中的作用，着力构建包括多品种能源在内的能源应急供应体系。鼓励各类可再生能源合理、适度、有效的发展，构建具有灵活性的多元化、分布式能源应急供给网，充分发挥各类能源在不同情景、不同领域的应急保供潜力，化解突发事件对能源系统冲击风险。

第六，创新城市能源管理体制机制，推进能源结构调整与城市发展协同。加强顶层设计，推动能源变革与城市发展的战略协同。加强规划统筹和行动融合，推动能源规划与低碳城市、智慧城市、循环经济示范城市等规划的深度融合。促进能源与通信、供水、交通等基础设施互联互通、互补互用。建立城市能源信息管理平台。纵向打通能源供应、配置、消费全环节信息，横向贯通煤炭、石油、天然气和电力等各类能源信息，实现能源信息的高度集成。发挥能源电力大数据的政府决策和公共管理作用，提升城市智慧化水平。

（二）正确认识和处理三大问题，更好发挥技术创新推动绿色低碳发展的作用

一是正确认识和处理低碳技术与传统技术创新形式的冲突问题。部分低碳技术本身存在高能耗及由此引发的碳排放问题值得高度关注。火力发电仍是上海市发电的主要形式。2021 年 1—9 月，上海市火力发电占比约为 98.05%，太阳能、风能等清洁能源占比不足 2%。而以制氢、CCUS、再电气化等为代表的现有较多低碳技术应用具有较高的能耗需求，使用以火力发电为主的能源本身会产生碳排放问题。因此，应着重提升低碳技术应用过程中的能效与清洁能源使用水平，根据低碳技术的实际耗能情况，合理预估技术的降碳效果、改进方向和应用前景。同时，部分环保技术与低碳技术的目标与效果存在不一致的问题。如污水处理行业存在较为严重的碳排放问题，在国内外统计的高碳排放行业中排名居前。美国、加拿大、日本、欧盟等国家地区纷纷进行政策规制与技术改良，以降低污水处理技术对降碳目标造成的不利影响。因此，上海在绿色低碳发展过程中应注重兼顾以废水、废气、固废排放处理为代表的环保技术与降低碳排放目标的平衡，持续探索能效提升和工艺改良技术，探索城市污水处理与温室气体减排耦合的碳资源高值回收模式等，制定并实施环保行业碳排放的监管政策。此外，碳排放技术与增长驱动型技术创新之间的冲突问题。在上海推进科技创新中心建设的过程中，企业是实现包括绿色创新在内的技术创新行为的重要主体，依托良好的创新生态与市场环境，

成为上海创新能力和核心竞争力提升的重要引擎。但在碳达峰碳中和目标背景下，低碳技术具有相对鲜明的环境政策目标特征，从能源生产、能源利用、能源系统到碳捕集利用等诸多核心技术方面都存在着进一步依靠政策驱动与利润驱动，激发市场微观主体创新与应用动能的重要空间。因此，将经济目标与环境目标有效结合、深化政策与市场的协同引导作用，成为了进一步促进上海市低碳技术发展的重要思路。

二是关注并缓解低碳技术研发、推广和应用过程中的成本问题。在实践中，部分低碳技术企业面临着直接推广应用的成本问题。对于现阶段上海市的主要低碳技术，如 LNG 技术、分布式光伏发电、氢能产供储销技术、CCUS 技术等都存在着明显的成本负担。其中以 LNG 技术、分布式光伏等为代表的低碳技术随着行业成熟度的提升和技术创新水平的突破而持续降低，但以 CCUS 技术为代表的部分重要低碳技术却因为装置安装、项目运行、资源输送等成本障碍而成了推广应用的重大阻碍。因此，上海应注重对低碳技术应用性价值的评估，推动产业链创新链成本降低型技术的研发应用。根据实际成本负担对应用低碳技术的企业予以补贴奖励，形成明确的低碳技术推广应用机制。同时，部分低碳技术应用会提高上下游产业的成本。以上海市能源行业为例，在"双碳"和"保供"的双重目标要求下，低碳技术的应用使得价格机制扭曲和成本转嫁风险相对提升，不仅直接增加了产业生产成本，还容易通过产业链传递机制造成上下游产业供应水平、生产成本状况的恶化，从而进一步放大低碳技术应用的成本效应。因此，一方面，从技术创新层面，上海市应针对各项技术创新的应用推广情况，对容易导致市场扭曲风险的技术进行全面、准确识别，并制定相应的补贴政策。另一方面，从产业链关键环节层面，进一步深化能源系统体制机制改革，提升能源供应的市场化水平，同时兼顾对电价政策与上游煤炭行业的有效调控。

　　三是准确把握并保证低碳技术与"双碳"目标的匹配问题。要制定技术路线图，明确低碳技术的技术贡献度和对"双碳"目标实现的预期作用。当前上海市拥有较为完整的低碳技术创新门类，在分布式光伏、能源系统等低碳技术方面具有先发优势，在其他低碳技术方面也存在较强的发展潜力与空间。因此，应立足于低碳技术优势，着眼于"双碳"目标要求，对现有低碳技术的实际效果进行量化，明确技术贡献度、创新突破难度、推广应用可行性，在综合各项评估结果的基础上确定技术驱动"双碳"目标的可行化和最优化路线，从而明确任务目标、制定创新规划，集中现有优势资源低成本、高效率地实现上海市创新及低碳发展的长期目标。同时，考虑到低碳技术存在着长期作用效果有待进一步明确、研发过程具有较高不确定性的特征。因此，在制定技术路线图、对低碳技术长期任务路径进行预估的基础上，要根据经济形势、科技形势、政策形势的变化及时调整目标与方法。在实际技术创新层面，根据技术路线图和任务导向型创新确定关键技术及其各个重要研发环节，同时开展基础技术到系统集成技术的研发突破，建立试点对实现突破的重要技术进行测试、评估、示范和推广，提升对技术路线的动态完善能力，为获得更高的低碳技术应用效率和更高水平的原创性、突破性、颠覆性、引领性技术提供条件。

　　四是健全绿色低碳技术创新机制，全面提升技术创新推动绿色低碳发展的能力。一方面，要着力培育壮大绿色技术创新主体。上海要率先制定并逐步完善绿色技术创新企业认定标准规范，着力培育具有一定规模的绿色技术创新龙头企业，支持创建国家级绿色企业技术中心。加大对企业绿色技术创新的支持力度，财政资金支持的非基础性绿色技术研发项目、市场导向明确的绿色技术创新项目均需企业参与。充分发挥在沪高校、科研院所技术积累较好的优势，激发高校、科研院所绿色技术创新活力。增加绿色技术创新科技成果转化数量、质量、经济效益在绩效考核评优中的比重。健全科研人员评价激励机制，允许绿色技术研发团队或个人可以以持有股权等形式获得技术转化收益，科研人员在离岗后仍可持有股权。加强绿色技术创新人才培养，设立一批绿色技术相关学科专业，积极布局绿色技术人才培养。推动科研人员、企业、高校、科研院所、金融机构深度融合。在绿色技术领域培育建设一批创新基地平台。另一方面，要深化绿色技术创新的导向机制。结合上海发展实际，探索发布绿色产业指导目录、绿色技术推广目录，引领绿色技术创新方向，引导社会资本投向绿色产业。围绕节能环保、生态保护和修复、清洁能源、生态农业等关键领域的共性技术，推动研制一批具有自主知识产权的关键核心绿色技术，大幅提升绿色低碳领域的原始创新能力。强化绿色技术标准引领。实施绿色技术标准制修订专项计划，在生态环境污染、循环利用、新能源以及污染物等重点领域开展绿色技术效果评估。推进绿色技术创新评价和认证。编制相关评价技术规范，大力推动绿色生产，推进形成统一的绿色产品认证制度。同时，要进一步优化绿色技术转移市场交易体系。在积极推动上海绿色低碳技术创新和应用的基础上，争取建设国家级绿色技术交易市场。通过规范市场秩序等手段，逐步建立健全市场管理制度，推广综合性服务平台与服务模式，提高绿色技术成果转移转化效率。制定绿色技术创新中介机构评价规范和管理制度，加强绿色技术交易中介机构能力建设。制定和完善绿色技术创新成果转化机制。支持上海企业，以及在沪高校、科研机构建立绿色技术创新孵化器。此外，要着力搭建更高水平的国内外低碳技术交流平台和多方参与的低碳技术协同发展平台，寻求高效、引导式和市场化的低碳技术提升路径。通过召开国际低碳技术博览会，搭建国际技术交流合作平台，学习与引进国际先进绿色低碳技术。促进区域协同发展，构建长三角科技创新共同体，以构建互联互保的长三角一体化主干能源互联网和因地制宜多能互补的智慧能源微网为目标，促进与长三角地区和国内其他重要区域间的技术交流。

（三）着力统筹处理四大关系，推动工业部门为实现"双碳"目标作出更大贡献

第一，要在长三角融合发展中统筹处理上海工业发展定位与碳减排的关系。加快出台在长三角融合发展中统筹上海工业发展定位与碳减排关系的政策，如出台促进主导传统工业淘汰落后产能和转移过剩产能的行动方案，持续推进绿色低碳转型，强化钢铁、化工等传统工业为新能源汽车、新材料、生物医药等新兴产业提供上游供应的配套能力，在产业链中高端环节上持续保持竞争力，不断提升产业链集成配套能力，推进全产业链体系绿色低碳转型，同时，出台加快布局和发展集成电路、新材料、人工智能等新兴产业的产业政策，促进工业产业结构向创新密集型转变，不断推进工业向产业链价值链中高端环节攀升。另外，加快统筹长三角地区不同城市工业碳排放容量的协同使用，对于转移的产业，初期共同分担碳排放容量，中期使用税收缴纳所在地的碳排放容量，在建立覆盖长三角的碳排放交易系统后，整体统筹使用碳排放容量。

第二，统筹处理碳达峰阶段与碳中和阶段工业碳减排的关系，实现工业部门科学有序的碳减排。在碳达峰阶段，出台钢铁、化工等重点高载能行业"十四五"节能降碳行动方案，助力上海在 2025 年前实现碳达峰，如促进短流程炼钢、提高废钢利用率、提高新能源车生产比重、使用更加清洁低碳的能源等的产业政策；在碳中和阶段，出台攻克新能源技术、碳捕集利用技术等低碳技术应用的政策，通过新能源替代、碳捕集利用等实现工业部门净零排放，如促进氢能、储能和可再生能源电力发展的产业政策。

第三，统筹处理工业整体与细分行业碳减排的关系，促进传统工业与新兴工业协同发展。要加快出台指导上海工业整体与细分行业碳减排的政策，统筹传统工业与新兴工业的碳减排增量及存量的调整，推动钢铁、化工等传统工业的低碳转型以及新材料、人工智能、集成电路等新兴工业的布局，如促进高载能行业能源减量化利用的产业政策，促进新兴工业提高清洁低碳能源使用比例的产业政策。在工业部门能源消费总量、排放强度和能源结构上，统筹传统工业和新兴工业的排放容量，对于有利于增强工业产业体系集成配套能力的产业，要优先给予碳排放容量，在发展中再实现减排。如对于为上海生物制药、新能源汽车、集成电路等战略性新兴产业提供中间产品的钢铁、化工等产业，需要在政策上给予足够的碳排放容量。

第四，统筹处理工业部门绿色环保与减碳之间关系。受生态文明制度体系建设与"双碳"目标双国家战略的约束，上海市工业部门的发展需要兼顾绿色与低碳，如何统筹二者之间的协同与冲突是政策需要关注的重点。因此，应加快出台指导上海工业部门统筹绿色环保与减碳之间关系的行动方案，在技术选择、工序流程等方面制定明确的能耗水平、技术标准等，助推上海工业部门实现绿色低碳转型。在政策层面，出台明确目标工业技术，如可再生能源与石化化工生产系统耦合技术、低能耗碳捕集技术、二氧化碳合成化学品技术、清洁能源制 H_2、二氧化碳制甲醇、二氧化碳和甲烷重整制合成气、二氧化碳制可降解塑料等，在绿色改造和低碳改造方面的性能及标准、是否存在冲突、如何使用的行动方案。

第五，以构建"三圈"循环经济体系为抓手，推动重点行业绿色低碳转型。紧紧围绕五大发展理念，以绿色低碳转型升级为主线，既要做大"低能耗、低污染、高附加值"的新兴产业增量，为工业和服务业绿色低碳发展持续不断地注入新动力，同时又要加快推动钢铁、石化等重点行业实现绿色低碳转型。

重点行业规模总量大，是工业经济稳定发展的"压舱石"。当前，要在已经实施的促进工业企业绿色低碳转型的基础上，提升重点企业发展循环经济的内生动力，在重点企业集中的区域，以"三圈"循环经济体系为重点，实现传统企业群间的资源循环利用、废物产生量最小甚至"零排放"的目标，高质量推动重点工业企业绿色转型不断深入。一是推动重点工业企业构建内部循环圈，通过企业内部闭环循环，使工业生产过程中的副产品实现资源化利用。二是循环利用工业园区资源，构建园区内部循环圈。通过政府协调，消除上下游企业在专用性投资时面临的"套牢"风险，让上游企业的副产品变为下游企业的投入品，在园区层面实现最大限度的资源综合利用和最低水平的污染排放。三是构建园区与周边地区的循环圈，形成社会层面的循环发展模式。通过建立工业企业内部"小循环"、工业园区企业之间"中循环"、园区与周边地区"大循环"的格局，实现不同企业或者工艺流程间的横向耦合及资源共享，为废物找到下游的"分解者"，建立工业系统的"食物链"和"食物网"，实现"减量化、再利用和再循环"，达到变污染负效益为资源利用正效益。在此基础上，要牢牢把握新一轮科技革命和工业革命的战略机遇，紧紧抓住产业结构调整特别是工业内部结构调整这个"牛鼻子"，打通传统产业与绿色技术之间的通道，推动智能化与绿色化融合发展，以人工智能、大数据、云计算等新技术新产业，为实体经济高质量、可持续发展注入新动能。

（四）以推动交通电力化转型为重点，加快建设低碳交通体系

一是优化新能源汽车发展政策供给。继续从补贴、减免税、电价、上牌、路权、停车权方面给予新能源汽车发展政策支持，

大力发展清洁化运输装备，建设城市绿色货运配送示范工程，加快推广私人用于城市驾驶和通勤电动车，提高城市公交、出租汽车、城市物流配送领域新能源汽车占比。鼓励物流企业购买使用纯电动重型货车，在批发市场、快递转运中心、物流园区等加快充电桩布局建设，落实新能源货车差别化通行管理政策，提供通行便利，扩大通行范围，对纯电动轻型货车减少限行。完善纯电动物流车运营里程核算和补贴发放，并逐步减少基准补贴金额从而降低企业对于普惠性补贴的依赖性，更好激发企业内生动力。鼓励支持车企研发、生产新能源汽车，探索采用双积分政策，通过计算平均油耗负积分与新能源汽车正积分之和，倒逼车企转型升级，从而迈向电动化时代。

二是加强交通碳减排区域合作。长三角地区肩负着探索区域新发展格局的战略使命，是全国高质量一体化发展的示范区，也是实现"双碳"目标的重要区域。上海作为超大城市，要充分发挥其辐射带动能力强的优势，通过区域合作的方式带动区域交通碳减排。上海市与周边省份物流和人流密切联系，要积极将周边地区纳入超大城市碳交易体系的框架内，推动区域统一的碳市场在周边地区交通工具的淘汰更新等方面发挥作用，制定更加严格的配额总量控制，适当增加有偿分配比例，不断完善监管机制，通过碳税收入的财政转移支付，带动周边地区的企业和个人享受碳减排带来的市场收益，促进周边地区交通碳减排。

三是加快低碳交通政策体系建设。借鉴英国经验，进一步提升交通规划在城市规划全过程中的地位，探索将系统性的城市交通减排路线纳入城市国土空间规划。加强城市土地利用与城市交通的协调发展，从城市交通结构、碳排放统计监测体系、政策工具箱、绿色智能交通基础设施等方面重构城市绿色低碳交通体系。推动交通发展由追求速度规模向更加注重质量效益转变，由各种交通方式相对独立发展向更加注重一体化融合发展转变，由依靠传统要素驱动向更加注重创新驱动转变。完善公共交通体系建设，综合考量人口、交通需求、出行场景等多种因素，强化多种交通方式协同互补，提升公共交通出行链整体服务体验，更好发挥大容量公共交通降碳效能。通过推广碳税和碳交易手段，推动企业和居民根据按照个性化需求减少碳排放水平，促进节能减排技术在地铁、公交、出租等城市公共交通领域拓展更大的增长空间。

（五）创新发挥社区和居民在低碳转型中的作用，推动建筑领域绿色低碳发展

第一，探索制定实施零碳社区规划，引导建筑中的人增强零碳生活意识。将建筑部门的节能思路落到实处，离不开建筑中的人。社区是连接个人与碳中和目标的重要平台，社区层面的减排行动是个人参与碳中和进程的关键环节。因此，上海可鼓励社区以削减排放总量、控制居民人均碳排放量为目标，自主制定零碳社区规划，并且在规划中注重提高零碳生活方式的需求满足程度，提升个人对零碳生活的接受度。具体来说，就是鼓励社区着重发展零碳分布式能源、实施零碳建筑改造、打造零碳出行系统、推行生活垃圾分类、利用碳普惠平台践行低碳行为，以及加大零碳生活宣传推广等。

第二，探索建立社区碳普惠制度，引导个人自愿参与并持续采用节能减排行为。规范合理的激励信号在促进个人低碳行为可持续性方面起到关键作用。因此，可以通过建立规范的社区碳普惠制度标准，实现碳普惠行为数据处理、收益量化算法及收益分发等环节的标准化与统一化，引导碳普惠平台与碳市场逐步对接。此外，还应鼓励社区通过建立碳普惠平台，为个人提供低碳激励机制，引导社会广泛采取减少碳排放及增加碳汇的行为。

　　第三，充分运用市场机制，引导个人选择零碳生活方式。建筑中的居民通过响应政策和影响企业等方式深度参与碳中和愿景的实现进程，对约束其他相关但非直接的活动产生的碳排放发挥着重要作用。因此，上海需要利用多种政策手段，平衡个人的低碳付出与回报预期，最大化需求侧减排潜力。特别是，要考虑充分运用市场机制，引导个人选择零碳生活方式。例如，在低碳产品导入期给予必要的补贴，降低低碳产品的实际价格，提高低碳产品价格竞争力。此外，还需要加大零碳生活的宣传教育活动，增强个人减碳意识，提升个人对零碳生活的认可度。

参考文献

陈伟珂、罗方：《基于全生命周期理论的建筑能耗问题研究》，《建筑科学》2008 年第 10 期。

何建坤：《中国的能源发展与应对气候变化》，《中国人口·资源与环境》2011 年第 10 期。

何建坤：《CO_2 排放峰值分析：中国的减排目标与对策》，《中国人口·资源与环境》2013 年第 12 期。

霍利婷：《上海市能源消费碳排放与经济发展关系研究》，《上海经济》2018 年第 1 期。

金昱：《国际大城市交通碳排放特征及减碳策略比较研究》，《国际城市规划》2022 年第 2 期。

林燕芬、王茜、伏晴艳、段玉森等：《上海市臭氧污染时空分布及影响因素》，《中国环境监测》2017 年第 4 期。

刘成坤、江越、张启慧、朱杏芳：《数字经济发展水平的统计测度及时空演变趋势研究》，《工业技术经济》2022 年第 2 期。

刘岱淞：《上海市居民生活用能碳排放的因素分解研究》，《上海经济》2021 年第 2 期。

陆钟武、王鹤鸣、岳强：《脱钩指数：资源消耗、废物排放与经济增长的定量表达》，《资源科学》2001 年第 1 期。

潘家华：《人文发展分析的概念构架与经验数据——以对碳排放空间的需求为例》，《中国社会科学》2002 年第 6 期。

彭佳雯、黄贤金、钟太洋、赵云泰：《中国经济增长与能源碳排放的脱钩研究》，《资源科学》2011 年第 4 期。

谭志雄、张阳阳：《财政分权与环境污染关系实证研究》，《中国人口·资源与环境》2015 年第 4 期。

王书斌、徐盈之：《环境规制与雾霾脱钩效应——基于企业投资偏好的视角》，《中国工业经济》2015 年第 4 期。

王幼松、杨馨、闫辉、张雁、李剑锋：《基于全生命周期的建筑碳排放测算——以广州某校园办公楼改扩建项目为例》，《工程管理学报》2017 年第 3 期。

张婷麟、孙斌栋：《全球城市的制造业企业部门布局及其启示——纽约、伦敦、东京和上海》，《城市发展研究》2014 年第 4 期。

Xu, Jianming et al. , "The Meteorological Modulation on PM2. 5 Inter-annual Oscillation During 2013 to 2015 in Shanghai, China", *Science of the Total Environment*, Vol. 572, 2016.

Geng, Fuhai et al. , "Analysis of Ozone and VOCs Measured in Shanghai: a Case Study", *Atmospheric Environment*, Vol. 41, No. 5, 2007.

Gao, Wei et al. , "Long-term Trend of O3 in a Mega City (Shanghai), China: Characteristics, Causes, and Interactions with Precursors", *Science of the Total Environment*, Vol. 603 – 604, 2017.

IntergovernmentalPanel on Climate Change, *Fifth Assessment Report (AR5)*, Copenhagen, 2014.

后　记

中国作出碳达峰碳中和的承诺是应对全球气候变化的里程碑事件，具有重要和深远的意义。上海作为中国最大的经济中心城市，实现碳达峰碳中和目标，不仅对长三角及周边城市群具有关键的辐射和带动作用，而且对全国其他城市实现碳达峰碳中和目标具有重要的引领和借鉴作用。探寻不同领域绿色低碳发展的路径，不仅能为上海实现"双碳"目标提供支撑，同时对于推进中国环境与城市协调发展具有重要现实意义。

鉴于此，在中国社会科学院—上海市人民政府上海研究院的支持下，中国社会科学院工业经济研究所组建了"双碳"目标下上海绿色低碳发展路径比较研究课题组，在赴上海调研、座谈后开展了相关研究。课题组负责人为史丹，课题组成员包括李鹏飞、王蕾、袁惊柱、金岳、叶云岭、寇冬雪、朱泳丽、丁利杰。

本书是课题组前期进行理论分析和实践调研的成果总结，具体分工是：史丹负责全书的整体研究设计和实践调研的成果总结；第一章由朱泳丽和丁利杰撰写；第二章由王蕾撰写；第三章由金岳撰写；第四章由袁惊柱撰写；第五章由叶云岭撰写；第六章由寇冬雪撰写；第七章由李鹏飞撰写。课题组的协调工作主要由李鹏飞承担。课题组对"双碳"目标下上海市绿色低碳发展路径进行了有益探索，在汲取既有研究的重要观点的基础上，结合实际对上海市碳排放重点领域进行了专项分析，针对实践中存在的问题提出了政策建议。

本书能够顺利出版，首先要感谢上海研究院的资助支持，感谢中国社会科学院科研局副局长、上海研究院常务副院长赵克斌研究员，上海市社会科学院副院长、应用经济研究所所长干春晖研究员，上海社会科学院生态研究所所长周冯琦研究员，上海社会科学院应用经济研究所副所长李伟研究员，上海社会科学院智库建设处处长于蕾研究员，同济大学可持续发展与管理研究所所长诸大建教授，华东师范大学资环学院原党委书记杨凯教授，华东理工大学资环工程学院党委书记修光利教授，上海节能减排中心副总工齐康，上海环科院规划所副所长兼上海生态环境局综合处副处长邵一平等专家学者的支持。感谢上海市科委二级巡视员、社会发展科技处处长郑广宏，上海市发展和改革委员会资环处双碳工作组组长刘佳，上海市经济和信息化委员会节能与综合处副处长张敏，绿技行（上海）科技发展有限公司总经理朱军浩等参加调研座谈的同志。感谢申能（集团）有限公司副总裁苗启新率领工作团队与课题组进行深入交流。感谢上海申能能创能源发展有限公司副总经济师接道群、上海研究院科研处主管樊朝霞、上海社会科学院应用经济研究所学术秘书安君涯为安排课题组企业调研和专家座谈付出的努力。感谢本书责任编辑党旺旺为书籍出版付出的辛勤劳动。

当然，书中的观点仅代表课题组的研究发现，相应文责由各章执笔人承担。限于时间和能力，本书难免存在不足之处，诚恳希望读者给予批评指正！

史 丹

2022 年 11 月 21 日

史丹，中国社会科学院工业经济研究所所长、研究员、博士生导师。享受国务院特殊津贴。入选中共中央组织部、人力资源和社会保障部万人计划、国家高层次人才特殊支持计划领军人才，中共中央宣传部"文化名家暨四个一批"人才工程。《中国工业经济》《经济管理》《China Economist》主编，国家能源委员会专家咨询委员会委员，国家气候变化专家委员会委员，中国工业经济学会理事长兼副会长。主要研究领域为产业与能源经济，绿色低碳发展等，主持国家社科基金重大课题、国家自然科学基金课题，国家发展和改革委员会、工信部、国家能源局等部委和省市委托课题百余项，在《经济研究》《管理世界》《中国工业经济》等顶级刊物公开发表各类文章150多篇，撰写专著30余部，获得国家级、省部级学术奖励30余项。

李鹏飞，中国社会科学院工业经济研究所研究员，主要研究领域为产业经济，主持国家自然科学基金项目、国家社科基金项目等学术课题多项，发表论文50多篇。学术成果荣获中国社会科学院优秀对策信息对策研究类特等奖、中国社会科学院优秀科研成果二等奖、国家能源局软科学研究优秀成果二等奖、第九届钱学森城市学金奖提名等奖项。入选中宣部宣传思想文化青年英才。